職場需要閒聊 不能只會尬聊？

與會說話的人交流，不會心累；和不會說話的人交談，只想流淚

劉惠丞，馬銀春　著

溝通，消除了你我之間的隔閡，
帶走了我的煩惱，帶來了你的理解
溝通，像一隻無形的手，接近人與人之間的距離──

目錄

目錄

目錄

目錄

前言

人只要活著，就會和這個世界有著千絲萬縷的連繫，也就難免要與人交往。交往離不開溝通，不論是你與親人的溝通、與朋友的溝通、與同事或上司的溝通、與客戶的溝通⋯⋯這些都需要溝通的技巧。

「溝通是立足社會的資本」這句話也已經漸漸的被人們所接受。

儘管我們自出生以來就一直在溝通，但溝通的結果並非總是如你希望的那樣有效，而溝通的不善會為我們的生活或命運帶來很大的影響。也許你口才很好，但是卻不懂人際相處；也許你很會做事，但是卻猜不透別人的心理；也許你很有能力，但是卻沒有人賞識。所有的問題都是因為我們缺乏溝通的能力，溝通無時無刻在影響著我們的生活。

現代社會是一個資訊化的社會，掌握了資訊就等於掌握主動權，而想獲得資訊就需要有良好的溝通能力。也許你會說，對方的生活環境和自己差別很大，沒有太多可以溝通的共同話題，並以此作為拒絕與他人溝通的理由。其實，只要你態度真誠，就算生活環境有差異，相信你們的溝通也能順利進行下去，並因此得

前言

到一位新朋友。

保持溝通在生活中非常重要，朋友之間如果能經常溝通，雙方的誤會就會減少，雙方的了解會更加深入。這樣，朋友間反目成仇的機會就大大的減少了。夫妻之間保持良好的溝通能讓彼此相互理解對方的行為，及時發現自己的錯誤，不再因為生活中瑣碎的小事而影響兩人的感情生活，還能避免因一時賭氣而離婚的尷尬。

既然溝通如此重要，那在實際生活中，我們如何才能做到與人順利溝通呢？或者說與人溝通有沒有什麼祕訣呢？筆者認為，在溝通中應該注意以下五個方面：一是態度要真誠，這一點非常重要，只有當你懷著一顆真誠的心去對待別人的時候，別人才會以同樣真誠的心與你交流。當然，這還要掌握好談話的火候，也就是「尺度」。怎樣掌握呢，就是要仔細觀察與你交流的對方反應，是心不在焉，還是仔細聆聽，從對方身上得到的資訊，就是你交流的成敗關鍵，也是你調整溝通方式的重要依據。二是溝通的語境要鬆緊有度。交流就是雙方之間的溝通，不可一味的只說自己的觀點，要注意鬆緊有度，這包括說話的語速，句與句之間的空隙時間，留給對方說話的時間等等。三是要有適當的肢體語言，交流中適時的出現肢體語言是非常有必要的，這會為我們的交流添加更多的色彩，也更豐富你們的談話內容。當然，前提是你所使用的肢體語言是正確的、善意的，所以必須先了解肢體語

言的正確使用方法。四是微笑，這是溝通當中最厲害的武器，不管在什麼場合與什麼人交流，適時的微笑都會展現出你的真誠與友好。

在溝通過程中，我們除了要掌握好溝通的時間、地點、場合、表情、語氣、肢體動作等以外，還要善於傾聽，要懂得換位思考。因此，進行溝通時，首先需要學會建立信任與感情，做到換位思考、相互尊重與欣賞；其次，積極聆聽，透過聆聽與發問理解別人，再透過有效表達讓別人理解自己，最後透過有效回饋逐步達成共識。

溝通是一門藝術，這就需要我們在日常人際社交中多加學習和培養。在與人溝通當中，針對不同的人，要靈活的運用溝通技巧，因地而異，因人而異的展現你的溝通藝術魅力。

在本書中，我們介紹了十多種溝通藝術，涵蓋了生活中所需的各層面，這其中包括：求人做事當中的溝通藝術；談判當中的溝通藝術；職場當中的溝通藝術；打電話時的溝通藝術；談戀愛的溝通藝術；美滿婚姻的溝通藝術；以及與朋友之間的溝通藝術；與陌生人之間的溝通藝術；親子之間的溝通藝術等等。

此外，書中還對身體語言和交談當中的聲音藝術進行了詳細的介紹，這就為廣大讀者了解溝通藝術提供一個全方位、立體式的讀本。當你真正掌握這些技巧時，你就會發現溝通藝術帶給你的巨大魔力，它不僅能讓你在社交場合廣受歡迎，還能使你在家

庭和朋友的溝通中遊刃有餘。

總之，學習溝通的藝術並不是最終的目的，我們的最終目的是：要透過學習和了解溝通的藝術技巧，把這些知識運用到社會實踐當中，以有效的溝通來解決工作或者生活中的各種問題，改善我們的人際關係，提升我們的生活品質。

第一章　溝通，讓生活更美好

在我們的生活、工作和交往中，溝通有著非常重要的意義，它可以化解矛盾和怨恨，可以消除誤解和傷感，可以增進團結和友誼……溝通無時無刻影響著我們的生活，溝通無處不在。溝通，讓我們的生活多采多姿；溝通讓我們的工作簡單高效；溝通讓我們的人生更加精彩。

溝通讓世界更美好

你有一種思想，我也有一種思想，彼此溝通，我們就有兩個思想甚至迸發更多。

你有一種苦惱，我有一種快樂，彼此溝通，苦惱與快樂整合，你快樂了，我也快樂了。

你有一種語言，我有一種語言，彼此溝通，兩顆陌生的心連在一起。

……

溝通是情感的橋梁，能夠縮短心靈的距離；溝通是情感的火焰，能夠融化心靈的冰塊；溝通是情感的紐帶，能夠建起相互的依賴。溝通在人的一生中有著非常重要的作用。當相愛的人產生矛盾時，透過溝通也能立即和好如初，感情進一步得到昇華；當朋友之間產生了矛盾和誤會時，及時溝通，友誼會更上一層樓；當父母和孩子產生了代溝，運用溝通，不但能了解孩子在想什麼，還能知道孩子真正需要的是什麼；當你在工作中，和上司、下屬或合作夥伴之間，遇到棘手的難題或不順時，透過溝通，你的工作會得到對方的支援，從而達到你想要的目的……溝通隨時存在於我們每個人的生活中，溝通是解決問題的最好方式，遇到問題及早及時溝通，你的生活會少一些煩惱，多一些理解。

孔子和他的弟子一起周遊列國，遊說講學。路上經過一個小國，因為國內大旱，遍地饑荒，幾乎沒有任何食物可以充飢。大家都餓得頭昏眼花，於是，顏回讓眾人休息，他親自去附近的另一個小國買回了食物，並且忍著飢餓為大家做飯。

沒過多久，米飯的香味就四散飄出，飢腸轆轆的孔子，禁不住飯香的誘

惑，緩步走向廚房，想看看飯是否已經做好了。沒想到，孔子走到廚房門口時，只見顏回掀起鍋蓋，看了一會，便伸手抓起一團飯來，匆匆塞入口中。孔子看到顏回的舉動，心中頓時湧起一股怒氣，想不到自己最鍾愛的弟子，竟然先偷吃飯。

顏回雙手捧著一碗香噴噴的飯端給孔子時，孔子正端坐在大堂裡，沉著臉生悶氣。

孔子看著顏回手中的飯說：「因為天地恩德，我們才能生存，這飯不應該先敬我，而要先敬天地才是。」顏回說：「不，這些飯無法敬天地，我已經吃過了。」孔子生氣的說：「你既然知道，為什麼還自行先吃？」顏回笑了笑說：「我剛才掀開鍋蓋想看米飯煮熟了沒有，正巧屋頂上落下一片不知是塵土還是什麼的東西，正好掉在鍋裡，我怕壞了整鍋飯，趕緊一把抓起，但又捨不得浪費那團飯粒，就順手塞進嘴裡了。」

聽到此處，孔子恍然大悟。原來有時連親眼所見的事情也未必就是真實的，真實，只靠臆測就可能造成誤會。於是他欣慰的接過顏回捧給自己的飯。

假設在這個故事中，顏回沒有和孔子即時溝通，那麼孔子就可能錯怪顏回，認為他是個行為不端正之人，而自此不再厚愛。由此可見，人與人之間若沒有了交流和溝通，那麼彼此之間就會有許多的誤會，從而影響了彼此的感情。

溝通，是友情凝結成的花環，消除了你我之間的隔閡，帶走了我的煩惱，帶來了你我之間的理解，帶來了快樂。

溝通，像一隻無形的手，接近人與人之間的距離。

溝通，像一座通往天上的天梯，交集著人與人之間的相互體諒。

溝通，是一張隱形的支票，引領著世界各國的交流。

相信溝通，會讓世界變得更加和諧美好，會讓我們的生活更加幸福美滿。

溝通能力也是一種職場競爭力

職場是人生的重要戰場。在這迷宮般的、乏人指引的茫茫職場中有許多人迷失了方向，他們不斷碰壁，不斷觸礁，悲苦徬徨，看不到加薪的希望，望不到升遷的曙光。抱怨、牢騷成了他們的口頭禪，等待、退卻，成了他們的家常飯。最終，在「千里馬常有，而伯樂卻不常有」的悲嘆中歸於沉淪。

可是我們是否想過：為何工作能力不如你的人偏偏平步青雲當了你的上司；你工作非常出色，但卻始終不得志；你很有領導風範，但大家卻不服你；面對同樣的客戶，別人能夠搞定而你就是搞不定。請問這是為什麼？

當我們和上司有意見分歧時，當我們和同事有了矛盾時，當我們和下屬配合不默契時，當我們與客戶無法達成共識時，請問到底哪裡出了問題？

同類型的企業、同樣的產品和同樣的客戶，為什麼別人的產品能夠在市場上熱銷，而你的企業卻瀕臨倒閉；為什麼優勢比較明顯的你總是在競爭和談判中敗北。問題到底出在哪裡？

帶著這些問題，我們調查了上萬位職場人士，訪問了上千位企業老闆。在冷靜的思考和總結中，我們得出了以下三條結論：

第一，成功的企業家都明白溝通的理論和智慧，在不知不覺中做到了有效溝通，否則不可能有他們職場的輝煌成就。

第二，許多人對於溝通都是跟著感覺走，基本上處於模糊不清的狀態。越成功的人或越希望成功的人都重視溝通，但是都沒有了解透徹。

第三，一切問題都是溝通出了問題！

是的，在職場，溝通是一種重要的技能！縱使你滿腹經綸，若無法表達和被人理解，恐怕也只能自憐懷才不遇了。只有專業能力，卻不懂得溝通，那麼升遷加薪將成為一種奢望，成功也將無從談起。

因為在工作中，溝通可以使同事之間增加交流，縮短彼此之間的距離，提高工作效率。遇到問題時，員工透過溝通，可以達到集思廣益的效果，充分發揮自己的能力，為企業發展贏得強大的動力。如果工作中缺少了溝通，不僅自己得不到好的發展，工作也將難以發展下去。

畢業於國立大學的李俊由於專業能力出眾，聘用不久便被提拔為業務經理。

一次，他被派去負責接待來自日本的客戶。公司正準備與那些客戶合作開發新產品，如果合作成功，就能為公司帶來不菲的利益，因此公司很重視這次會面。在飯店裡，李俊代表公司為日本客戶接風洗塵，但是由於李俊不懂日語，再加上隨行翻譯也沒有為彼此做太多介紹，使李俊在整個過程中很少開口說話，與雙方的溝通基本上就那麼一兩句。

午宴的過程中，日本客戶問了一些與工作無關的話，旨在透過這樣的交流，增加彼此的了解和感情。但是，李俊只是勉強的敷衍回應了幾句，並不願意與對方多說幾句話，整個午宴在乏味與沉悶中結束了。

結果是，日本客戶取消了此次合作計畫。因為他們非常不滿意李俊的態度，覺得從與他簡單的交流中，感覺不到其合作的誠意。事後，李俊雖然沒

有被公司辭退，但被免除了經理的職務，日後的升遷也變得更為艱難。而這一切，僅僅是因為李俊那差勁的溝通能力所導致的。

李俊不願意與日本客戶溝通，也許是出於語言溝通的障礙，也許是出於自己的喜惡，但最終他沒有為自己墊起成功的基石，令人感到傲慢的態度將自己的前途引向了絕境。由此可見，溝通在職場競爭中的重要性。我認為只要你稍加留意，就會發現有些人儘管學識淵博、工作出色，卻怎麼也得不到上司的賞識。究其原因，就是不善言辭的結果。在今天這個開放的社會，人與人之間的溝通與交流正變得日益重要。

石油大王洛克菲勒說：「假如人際溝通能力也是如糖、咖啡一樣的商品的話，我願意付出比太陽下任何東西都珍貴的價格購買這種能力。」可見，溝通在人們的生活和工作中有著多麼重要的作用。

所以，要想在職場中一帆風順，左右逢源，走向成功，超越自己並完成人生使命。就要學會主動、善於與人溝通。

會說話的人受歡迎

人與人之間的溝通最重要的手段是說話，會說話的人能吸引對方，得到繼續交往的通行證。受到歡迎不僅可以滿足我們的交往需求，更重要的是能改變僵持的局面，改變別人的心情，讓自己的身上充滿吸引力。

會說話的人不僅能侃侃而談，而且能使對方聽得津津有味；不會說話的人自己滔滔不絕，卻令其他人都感到索然無味。與會說話的人交流，是智慧的碰撞；和不會說話的人交談，是心靈的煎熬。會說話，可以讓你在職場上輕鬆取勝。會說話，更讓你獨具個人魅力。當然，一個人會不會說話，並不

是看他能否像主播那樣字正腔圓的去說話，也不是看他能否口若懸河的滔滔不絕，說話的根本目的在於表達溝通，只要說得能讓對方聽懂，並且願意考慮與接受，這就是「會說話」。

玫琳‧凱女士是世界知名化妝品品牌玫琳‧凱的創始人，在事業上她創造出了斐然的成績，在生活中，她更被人稱為極具人格魅力的高貴女人。她的一言一行、一舉一動，都會讓身邊的人感覺舒適、親密和溫暖。她還在創業階段時，一天，與朋友去逛一家成衣店，恰好聽到旁邊兩個女孩子在說話，其中金髮的女孩子試穿了一件衣服，看起來很漂亮。黑髮的女孩便稱讚道：「這件衣服很漂亮，但還是不如剛才那件，那件的扣子更漂亮。」金髮女孩聽後有點生氣的說：「那是什麼破衣服，扣子難看死了，我才不要呢！」黑髮女孩聽後也有些生氣，心想自己不就是提個建議嘛，至於發那麼大脾氣。兩個女孩誰也不理會誰，悶悶不樂的逛著。

這時，玫琳‧凱走了過去，笑容滿面的對金髮女孩說：「這件衣服的領子很漂亮，襯得你像高貴的公主一樣有氣質，假如再配上一條項鍊，那就更加完美了。」金髮女孩很高興，因為她自己也是這樣想的。她怨黑髮女孩沒有眼光，黑髮女孩嘟噥著說：「我也是這樣想的，不過沒說出來罷了。」玫琳‧凱輕輕的把手搭在黑髮女孩的肩頭上說：「其實，你可以試一下這件衣服，它特別能襯托出你優美的身材。」黑髮女孩如獲伯樂般的笑了，「是嗎？我挺喜歡這件衣服的，但就是不知道適不適合我。」玫琳‧凱肯定的點點頭：「不會讓你失望的。當然，如果你們再稍微護理一下臉部的皮膚，那麼就會更顯優雅了。」

故事的發展顯而易見，透過這次購買服裝的經歷，兩個女孩成為了玫琳‧凱的忠實顧客。

可見，會說話不僅能夠展現自身的魅力，使別人更易接受你，還會促使你事業或生活的成功。而這裡的「會說話」不僅僅是指能夠發出語音，更重要的是要講究語言的藝術。

語言思想的藝術，語言的力量能夠溝通世界上最複雜的資訊網路 ── 人的心靈。在職場上、商場上有「先聲奪人」、「一諾千金」的說法；在政界有「金口玉言」、「一言定升遷」之語；在文化界有「點睛之筆」、「破題妙語」之論；在生活中也常有「生死榮辱共繫於一言」之說……可以說，在現代社會的激烈競爭中，對於一個有實力的人而言，是否能說，是否會說，直接影響著其人際關係的和諧與否，也影響著其事業的成敗。

溝通決定你的一生

在飛速發展的當今社會，人際溝通可謂無處不在，無論你工作多麼分秒必爭，你都必須保留溝通時間，再高明的想法，如果不拿出來與人分享，仍是一文不值。因此，很多人常因言語而身陷說錯話的泥沼之中，不是得罪了朋友，就是耽誤了生意，根源就在於拙於言辭。如果你能夠把話說得既圓滿又得體，那麼，你就能達到良好的溝通效果。

培根在他的《人生論》中說道：「溫和的語言勝過雄辯。不善答問是笨拙的，沒有原則的詭辯是輕浮的，講話繞太多彎子令人厭煩，過於直截了當又顯得太唐突。」所以，溝通的重要性便展現出來了。一定要懂得這門藝術，掌握語言的平衡度，只有這樣，才能打開人與人之間的溝通大門，彼此的心靈才會擦出火花。

那麼什麼是溝通呢？

溝通不僅僅是一個抽象的動詞，而且是人們日常生活中主要的行為之一，是為了一個設定的目標，把資訊、思想和情感，在個人或群體間傳遞，並且達成共同協議的過程。一個人從早上起床到晚上上床睡覺，這之間的十數個小時都是在透過各種各樣的事情達到與人溝通的目的，說得通俗一些，溝通就是人與人之間打交道的過程。

現今是一個競爭激烈的時代，一個想要在社會上擁有立足之地的人都應該懂得溝通的重要性。但是相對於很多人來說，溝通不僅是他們所欠缺的一個環節，而且也是很多人忽視的一個環節。我們看現在很多家長懂得在孩子很小的時候就將他們送到才藝班學習各種特長，但卻很少有家長讓孩子學習口才，結果讓孩子和眾多親朋好友打招呼的時候，他們又總是扭扭捏捏，羞紅了臉，這就是父母對孩子溝通的不重視，導致孩子溝通能力的缺失。

如今「溝通」這個詞彙走進了人們的生活，很多機構、團體甚至夫妻之間，父母與孩子之間等等都講求「有效溝通」，同樣的孩子，為什麼有的孩子就十分聽家長的話，為什麼有的孩子不聽話。這就是溝通的問題，有的家長同孩子說話，孩子不知道他在講什麼，這樣在教育孩子問題上自然會產生一些難度。人與人也是一樣，他在這裡講話，而對方卻並不知道他在講些什麼，這樣兩個人之間自然無法達到溝通的目的，更難以達到共鳴。所以說，「溝通」迫在眉睫。

溝通固然重要，但溝通時也要看對象，否則你的溝通只能以無效收場。

一天，孔子帶著他的幾名學生外出講學、遊覽。他們來到了一個村莊，找到了一個有蔭涼的地方休息。突然，孔子的馬掙扎了韁繩，跑到莊稼地裡吃了人家的麥苗，一個農夫看見了，十分氣憤，上前抓住馬，將馬扣下。

子貢一向口才卓著，堪稱孔子最得意的學生之一。於是，他憑著自己卓

越的口才，自告奮勇走上前去，打算說服那個農夫，使事情得到圓滿的解決。然而，他卻說話文謅謅，滿口之乎者也，天上地下，道理講的一籮筐，費盡口舌，可對農夫卻一點作用也沒有。事情自然也沒有辦成。

　　但此時一個剛剛跟隨孔子學習的學生，他的才學遠不如子貢。當他看到子貢沒有說服農夫的時候，於是他走到農夫面前說：「你並不是在遙遠的東海種田，我們也不是在遙遠的西海耕地，我們彼此之間相隔的如此之近，我的馬怎麼可能不吃你的莊稼呢？更何況，也許某一天你家的牛也會吃掉我的莊稼呢，您說是不是？所以，我們應該彼此諒解才對。」農夫聽了他的這番話，覺得說的很有道理，就將馬還給了孔子。

　　由此可見，溝通也要看對象，也要講求方式，否則就算你天南地北，滔滔不絕的論述一番，也很難達到你所需要的結果。卡內基說：「與人相處的學問在人所有的學問中應該是排在前面的，溝通能夠帶來其他知識所不能帶來的力量，它是成就一個人的順風船。」溝通是一場雙向交流而不是自演自唱的獨角戲，同時，要想獲得與人溝通的機會，就要獲得他人的好感，拉近與他人的距離。人有 60% ～ 70% 的時間用於溝通，100% 的時間用於溝通協調。

　　蕭伯納說：「你有一個蘋果，我有一個蘋果，彼此交換，則各人手裡還是一個蘋果。你有一種思想，我有一種思想，那麼兩人則擁有兩種思想。」因此，人與人之間溝通的作用是顯而易見的。溝通是一種交流，是一種表達，是一種相互傾訴，是一種相互交換意見的途徑，從某種程度上講也是在做溝通，只要把溝通做好了，那麼其他的問題就可迎刃而解。

學會人際溝通術，有朋自遠方來

沒有溝通，世界將成為一片荒涼的沙漠。當我們穿梭在茫茫的人海中，置身於市場經濟的大潮中，每天都不可避免的要與他人交往。交往能給人帶來幸福和歡樂。我們一生中所有的作為在基本上取決於我們與人溝通的能力。據調查，一個人成功的因素 85% 來自社交和處世。

生活在一個人來人往的世界上，有一個豐富多彩的人際關係是每一個正常人的需要。可是，很多人的這個需要並沒有得到滿足。於是，他們開始慨嘆世界缺少真情，缺少幫助，缺少愛……其實，很多人之所以與他人缺少交往，僅僅是因為他們缺乏與人溝通或沒有掌握溝通的藝術。這就使我們有必須了解一下溝通的特點：

隨時性

我們所做的每一件事情都是溝通。一項工作指令是溝通，一個規章制度也是溝通。任何管理者想要做任何一件事，如了解一些簡單的情況，均是溝通。

雙向性

我們既要收集資訊，又要給予資訊。我們強調的是雙方共同的交流而不是單向的交流。在企業中不是單純的上級對下級或下級對上級，而是相互之間的，即上級對下級有要求要讓下級知道、理解並執行。上級透過這一下達指令的過程，對員工行為進行引導和控制。同時，員工對指令的執行情況也要透過一定的回饋途徑向上級彙報，上級對彙報情況做出反應，從而實現對

組織行為的控制。

情緒性

資訊的收集會受到傳遞資訊的方式影響。溝通時要注意情緒控制，過度興奮和過度悲傷的情緒都會影響資訊的傳遞與接受，盡可能在平靜的情緒狀態下與對方溝通，才能保證良好的溝通效果。

互賴性

溝通的結果是由雙方決定的。溝通雙方彼此需要對方配合，他們擁有相互補充的資訊，離開了其中的一方，另一方也不能達到溝通的效果。溝通越深入，兩者之間的依賴性就會越強。

了解了溝通的特點之後，我們可以在溝通的過程中講究一些溝通技巧，從而建立良好的人際關係。溝通的技巧有很多，下面我們對一些常用的做一些介紹：

了解溝通環境和對象

溝通前先了解所要溝通的環境及溝通對象，然後再進行「量體裁衣」，是溝通所必須的。把握溝通的主動性

你想與別人進行溝通，卻希望別人主動，這是沒有理由的，再說了別人憑什麼無緣無故的對我們產生興趣呢。所以，你想與別人溝通，就必須主動與別人溝通交往。主動溝通者更容易與別人建立並維護廣泛的人際關係，更可能在人際社交中獲得成功。

善於詢問與傾聽

詢問與傾聽的行為，是用來控制自己，讓自己不要為了維護權利而侵犯別人。尤其是在對方行為退縮、默不作聲或欲言又止的時候，用詢問方式引出對方真正的想法，了解對方的立場及需求、願望、意見和感受，並且運用積極傾聽的方式，來誘導對方發表意見，進而對自己產生好感，從而達到雙方都想要的結果。

體諒他人的行為

許多人在與別人溝通時，容易站在自己的立場上，希望別人能夠理解自己，忽略了別人內心的想法。經常覺得自己是正確的，別人應該聽自己的，或者愛用自己的標準去要求別人，結果卻給別人造成「以自我為中心、盛氣凌人」等不好的印象。所以，我們在與別人溝通時要學會站在別人的立場上去想問題，在考慮自己利益的同時，也要考慮別人的利益。

交談時語言要簡潔

古人說：「言不在多，達意則靈」。但在簡潔的基礎上還應該形象生動、幽默而含蓄，交談中不要說盡道破，應該留有餘地，用生動的比喻，輕鬆幽默的語言來化解人際社交時的局促、尷尬氣氛。另外還要注意委婉，也就是我們常說的「避諱」，在日常交際中，總會有一些使人們不便、不忍，或者語境不允許直說的東西。這時說話人要故意說些與本意相關或相似的事物，來烘托本來要直說的意思，它能使本來是困難的交往，變得順利起來，讓聽者在比較舒坦的氛圍中接受資訊。

改掉不良的身體語言習慣。

許多人在與別人談話時，常有掏耳朵、挖鼻孔、梳理頭髮等一些小動作。這些不良的身體語言會給人留下不好的印象，同時，這些無意義的身體語言會還分散對方的注意力，以至影響溝通的效果。所以，在與人溝通時，我們要消除無助於溝通反而使溝通效率下降的不良身體語言的習慣。

總之，一個人要想建立良好的人際關係，就必須運用有效的溝通技巧，掌握溝通的特點，並隨時有效的與人接觸溝通，在實踐中不斷提高自己的溝通技巧，擴大自己的知識面，提高專業知識水準。這樣，我們才能在與人交往時有較清晰的思路，得體的語言及行為，從而讓我們在人際社交中遊刃有餘。

拒絕寂寞，溝通才是社會的主旋律

著名詩人約翰‧唐曾說：「沒有別人，你即是一座孤島。」松下幸之助也說：「沒有人能夠獨自成功。」但在現實生活中卻有這樣一類人，他們雖然具備與人交往的能力，但不喜歡被人打擾。他們更喜歡獨處，喜歡待在自己的小世界裡，做著自己喜歡的事情。

這種生活方式固然能滿足他們的心理需要，但是不能作為長期的生活狀態。因為沒有人能夠過絕對的孤獨生活。

瓊和麗是大學同學，更重要的是，她們都來自偏遠的山村，到高樓林立的都市闖出一片天地是她們一直努力的方向。為此，大學四年，麗把所有的精力都放在了學習上，考完英語攻韓語，除了吃飯睡覺外，她把所有的時間都用在了學習上，學校組織的任何活動都見不到她的身影。但瓊卻不同，不

管什麼活動總能看到她在人群中穿梭的身影，也因為她是學生會副主席的緣故，學校裡沒有她不認識的，無論是剛進校門的新生還是快要畢業的學長、學姐，瓊總能和他們聊上幾句。當然了，瓊也並沒有因此而耽誤自己的學習。她順利的透過了英語檢定考試，並選修了心理學課程。

等到快要畢業時，瓊已被一家知名外商聘用。而麗本以為憑藉自己的能力，定能找到一家不錯的公司，但每次面試的結果都是讓其回家等通知，自然是任何通知都未等來。後來，麗先後在幾家小公司任職，但是工作沒幾個月，便被老闆婉言辭退了。麗總覺得老闆有眼無珠，不識自己才華，卻不知正是自己不合群的性格害了她。每天麗一到辦公室就坐到自己的辦公桌上忙碌起來，同事們跟她打招呼時，她也愛理不理的，別人請她幫忙，她也總說自己有工作要忙，沒時間，久而久之大家也都把她當成了公司裡的「隱形人」。

相較而言，瓊卻面帶微笑，誰要是有什麼需要幫助的，她就趕緊跑過去幫忙，然後適時的和人說上幾句。若遇到同事，雖然有些不知道姓名，具體工作是什麼，但瓊總會熱情的打招呼。下班之後，也總會和同事們逛街，買些衣服飾品，品嘗特色小吃。工作不到一年的時間，瓊不但得到了大家的一致好評，甚至升遷了。

當今的社會是資訊社會，如果不與人交流溝通就會使自己越來越封閉。良性的人際關係網，幾乎是每個人立足於社會所必要的。即使你有過人的才華，如沒有人與你打交道，也不可能被人賞識，而你的生命仍是一種冷酷的、無助的、孤獨的不受歡迎的生命。所以，我們一定要學會溝通，注意經營自己的人脈。

要知道，平時常聯絡感情，遠勝於臨時抱佛腳。打一個電話，帶上幾句

溫暖的問候，是給朋友最好的禮物，也是會做人的表現。你們之間保持聯繫，才能在你需要對方時，對方才有可能給予幫助。同時，我們在與別人交往的同時，也可以學習他人的優點，使自己不斷的提高。更重要的是，我們可以與他人合作，借助他人的力量把事情做得更好。

李偉在一家軟體發展公司工作，因其表現突出，被委任為一個研發小組的組長。對此李偉頗有些志得意滿的樣子，並暗下決心，準備再露一手。但事情卻並沒有他想像中的那般順利。儘管他電腦應用能力一流，但卻缺乏必要的研發經驗，研發能力也有很大的欠缺，從而導致工作進度異常緩慢。正在李偉一籌莫展的時候，上司語重心長的說：「李偉，你要知道，你不是一個人在戰鬥，你有一個團隊，你應該充分發揮團體的力量。儘管他們在電腦應用上可能要稍遜你一籌，但是在研發經驗和能力上可就是你的老師了。」

上司的一席話，讓李偉忽然意識到前一階段的自己太以自我為中心了，竟然忽視了身邊的這些同事們。於是，李偉開始虛心的向其他同事請教，經過一番溝通，李偉發現他們每一個人都有自己的優勢，拿出來的方案讓許多科班出身的人都自愧不如。

於是，李偉轉變了單獨作戰的方式，把這些同事們都調動起來，在他們的共同努力下，很多課題都被攻克了下來，而李偉的業務能力也隨之得到了提高。

一個人的能力再強，也總會遇到一些超出自己能力之外的事情，若你的能力達不到或勉強做完，也是漏洞百出。但若借助他人的力量，那麼事情似乎就變得簡單許多。

第二章　保證前提，讓溝通更加順暢

　　溝通是人與人之間傳遞資訊、感情的互動行為。要想做到有效溝通，就要先滿足前提，如此溝通才能進行順利的進行下去。如果溝通中缺少了尊重、友善、平等、寬容、自信、傾聽等前提，那麼都不可能獲得正常的溝通方式和溝通效果。因此，在與人溝通時，就必須做到真誠友善、尊重對方，真正把對方所說的話聽進去，然後才能在互動的過程中恰當提出自己的見解，達到有效溝通的目的。

禮儀：成功溝通第一步

在生活和工作中，隨著人們之間的交際廣度和次數不斷加大，溝通可謂是無處不在。我們怎樣才能讓別人願意與自己溝通呢？最重要的是靠禮儀。如果一個人不懂禮儀，沒有禮貌，那麼溝通在一開始就難以展開，要想進一步溝通則是難上加難。

因為禮儀是一個人內在修養和素養的外在表現，是人際社交中約定俗成的表示尊重、友好的習慣做法。每一個人都會依據個人外在的表現來打分數：如果一個人外表邋遢，那麼人們肯定對他避而遠之；如果一個人外表乾淨，人們才可能願意與他深交。表象透露出來的往往都有深層的含義，如果某人不懂禮儀，我們會推斷其性格可能我行我素，比較叛逆、不易相處，那麼以後的溝通也將會因此而矛盾不斷。

因此，只有講究禮儀，在與人溝通的過程中以禮相待，才能贏得對方的好感，進而使彼此的溝通產生良好的效果。否則，言語不當、舉止失範、失禮於人都會使對方厭惡和反感，也必然影響溝通的正常進行，甚至帶來工作、事業上的損失。

某製藥廠因為經營問題瀕臨倒閉，幸運的是有一家德國投資商來華投資，看中了這家藥廠，只要他們的合作談成，這家藥廠就可以起死回生。在簽約之前，德國公司的人到該廠視察，該廠長陪同參觀生產線。可是等到視察結束後，對方公司卻拒絕簽約。廠長不明所以，經過詢問才得知視察期間自己不經意間吐了一口痰，這使德國公司的人看到後，就決定不再簽約。他們的理由很簡單：這是製藥廠，是關係人命的地方，怎能隨地吐痰呢？由於該廠長在社交場合一個不經意的失禮，導致了合作專案的失敗。

可見禮儀在日常的交往、溝通中起著很重要的作用。良好的社交禮儀有助於人與人之間的溝通，有利於資訊資源的交流共用；良好的社交禮儀能拉近彼此的距離，贏得別人的讚許，讓別人認為自己是個可交之人。可以說，禮儀是溝通的前提條件，是交際生活的鑰匙。現今學習禮儀的方法很多，但如何有效的學習禮儀呢？下面我們對學習禮儀、運用禮儀的科學方法做一些解說，希望對你有所幫助。

理論與實際相結合

禮儀本身是門應用科學，因此，學習禮儀必須堅持知行的統一。由於禮儀涉及的內容十分廣泛而複雜，僅僅了解是不夠的，關鍵要去實踐；而且需要反反覆覆的去實踐。也許，這一次在某一個場合自己做得不好，應該加以總結並在下一次遇到同樣情況的時候做得好些。再經過多次實踐，就會成為一種自然而然的習慣。一個人只有在與別人的交往實踐中，透過比較和總結，才能認識到自己哪些行為是符合禮儀規範要求的，哪些是不符合禮儀規範要求的。總之，學會禮儀必須依賴於實踐，學會禮儀必須應用於實踐。

內外兼修

內外兼修是學習禮儀的過程中一個不可忽視的問題。要真正成為一個在社交活動中的成功人士，絕對不是僅僅記下書上所講的內容。偏重或忽視任何一個方面都是不正確的，強調內在修養，但卻缺乏得體的外在形象和言談舉止，甚至衣冠不整、小動作不斷，怎麼會讓人喜歡？而金玉其外，把自己打扮得整潔時尚，卻沒有較高的修養和氣質也不會讓別人有好感。所以，我們提倡的是「內外兼修」，兩個方面相輔相成。

靈活應用、隨機應變

礼儀要求做到「恰如其分」，包括在禮儀應用上靈活應變，避免生搬硬套。禮儀的規則是成文成框的，而社會生活本身是靈活多變的。我們從書本上學到的禮儀知識具有一定的概括性和理論性，而在真正的交往中，你會發覺由於人與人之間的不同，場合與場合之間的差別，需要我們做出一些適當的、非常規的變動。實踐是檢驗真理的唯一標準，運用好才是目的。所以，禮儀知識需要我們學以致用。

能夠做到入鄉隨俗，到不同的地方尊重當地的風俗禮儀。對待不同身分的交往對象，都應該有相對的尺度。對於親密程度不同的人更是如此。隨著具體場合的變化，禮儀的要求也會有不同，甚至有時候面對一些突發事件，或是沒有遇到過的場合都應該做出靈活的應變反應。但是，我們需要明確的一點就是不管禮儀在具體場合的變化是如何複雜，其內在本質在任何情況下都是一致的，就是「尊重他人，為他人著想」。不管你的禮儀知識有多麼的豐富，總會遇到沒有現成的禮儀規範可依的場合，這就對我們提出了隨機應變的要求。

尊重：有效溝通的前提

古人云：「尊人者，人尊之」，尊重他人，這是一項非常重要的做人的道理。一個懂得尊重別人的人必定會得到信任，在生活中展現對人的尊重也是一種藝術。人是群體的動物，而溝通是人類不可或缺的。我們所說的每一句話，都帶有某種資訊；不管是職場還是生活中的事，是喜悅抑或憤怒的表達，這一切都必須依賴彼此的「溝通」。而人與人之間要想達到有效的溝通，就必

須在尊重的輔助下才能事半功倍。在人與人相處之時，相互尊重是一個基礎點，只有具備這個基礎條件，才能進行有效的交流。

溝通就像在跳交際舞，必須要相互尊重。首先要尊重自己，懂得自重、自愛的人才能贏得別人的尊重。如果我們自我評價很低，就不能說出我們的想法、目標、好惡，也不會贏得別人的尊重。同時，要尊重別人，對別人缺乏尊重會阻礙自己成為有效的交談者。他人就像鏡子裡的自己，如果你對著鏡子笑，鏡子裡的人就會對著你笑；如果你哭，鏡子裡的人就會對著你哭；如果你大喊大叫，鏡子裡的人就會對著你大喊大叫。所以，只有尊重別人，才能換來對方對自己的尊重。

李麗媽媽發現，近段時間女兒有些不對勁，放學回家後，常常躲在屋裡寫東西，有時還會對著所寫的東西傻笑，寫完之後就將日記本鎖到抽屜裡。

媽媽懷疑女兒有什麼事情瞞著自己，於是等到女兒上學後，媽媽偷偷打開了她的日記，翻看了幾頁後，發現裡面寫的幾乎全是女兒對國語老師的愛慕之情。這還了得，女兒今年才 12 歲，怎麼能有這種師生戀想法。

於是等到女兒回家後，媽媽將日記扔在李麗面前，還說了很多難聽的話，李麗頓時覺得很羞愧。那天晚上，她選擇了自殺的方式，來報復媽媽對她的不尊重。

尊重孩子隱私的父母，才能培養出自尊的孩子。父母不要窺探孩子的隱私，不要翻看孩子的日記、信件，而應找到恰當的方式，和孩子溝通、交流。或許在許多父母看來，孩子是自己的，可以用自己喜歡的方式來愛孩子。其實不然，如果父母對孩子缺乏基本的尊重，不但會給孩子的心理造成陰影，還會使自己與孩子的溝通難以達到完美的效果，甚至會扭曲孩子的人生觀和價值觀。

因此，當和別人談話時，無論對方的輩分、地位、等級如何，我們都要尊重他們。孟子曾說過：「愛人者，人恆愛之；敬人者，人恆敬之。」一個人在與別人交往中如果能很好的理解別人、尊重別人，那麼他一定會得到別人百倍的理解和尊重。在與他人交往中，要時時本著「設身處地」思想，去理解別人、尊重別人、體貼別人，切不可恃才傲物，視他人如同「酒囊飯袋」一般，用語言去嘲諷、羞辱別人。謾罵、嘲諷、羞辱是一把雙刃劍，在漫罵別人的同時，實際上也是在貶低自己的人格。

　　據說，有一天蘇東坡與佛印老和尚一起打禪。老和尚問蘇東坡：「你看我打禪像什麼？」蘇東坡想了一下，並沒有回答，同時反問老和尚：「那你看我打禪像什麼？」老和尚說：「你真像是一尊高貴的佛。」蘇東坡聽了這一番話，心中暗地暗暗的高興。於是老和尚說：「換你說說你看我像什麼？」蘇東坡心裡想氣氣老和尚，便說：「我看你打禪像一堆牛糞。」老和尚聽完蘇東坡的話淡淡的一笑。蘇東坡高興的回家找蘇小妹談論起這件事，小妹聽完後笑了出來。蘇東坡好奇的問：「有什麼可笑的？」蘇小妹斬釘截鐵的告訴蘇東坡，人家和尚心中有佛，所以看你如佛；而你心中有糞，所以看人如糞。當你罵別人的同時，也是在罵自己。

　　一個人必須學會尊重他人，用自己高尚的品德去感染人，用自己敦厚的心靈去善待人，而不是用自己的伶牙俐齒去傷害別人。要知道，罵人的同時也成為別人討厭的對象，運用言語罵人的人，必定得不到對方的認同，也會失去別人的信任。一個良好的溝通應該是建立在彼此尊重的基礎上，才能達到談話的效果。

　　可以說，尊重是一門學問。尊重別人，就是尊重自己，就是將自信、善良和寬厚播種在他人的心田。學會尊重別人既是一種待人接物的態度，

也是一種高尚的道德素養，它能化解人與人之間的矛盾，增強人與人之間的友情。

尊重他人，以自己希望別人對待自己的態度和方式去對待每一個人，是良好、有效溝通的重要前提。

真誠友善才能受歡迎

「逢人只說三分話，莫要全拋一片心」，這是一句為人處世的俗語，是說對人要「陰者勿交，傲者少言」。其實，這樣做是為自己構築了保護層，同時也將自己封閉了起來，人人都將自己封閉了，那麼溝通該從何說起？

當然，我們不能否認生活中存在虛偽、狡詐、陰險之人，他們常以玩弄他人的真誠，戲弄他人的善良，算計他人的毫無防備，踐躪他人的真情實意為樂。但是，這種人畢竟是少數，當他們的嘴臉充分暴露後，也必將被眾人所指責和唾棄。因此，當我們的真誠友善被心懷叵測的人愚弄之後，吃虧更多、損失更大的並不是自己，而是對方。傷人的人在承受你的憤恨的同時，還將承受他人的蔑視以及群體排斥的孤獨。

因此，如果你希望別人真誠溝通，那就應該首先主動真誠的去對待別人。你怎樣待人，別人也會怎樣待你。

「溝通從心開始」，這是一句經典的廣告詞。因為我們都太渴望真心真意了。可是在與人溝通中，我們都過於擔心說真話或表達內心的真實感受會讓人嫌棄，甚至會引起對方的不快。於是，人們總是試圖去取悅他人，總是讓偽善不期而至。可是，這樣的溝通真的是你所想要的嗎？是他人想聽到的嗎？

林肯是美國第 16 任總統，正是「真誠」為這位相貌不佳的人贏得了民心，並最終獲取總統職位。競選時，林肯和美國上議院議員道格拉斯是競爭中的對手。他們曾在伊里諾依州進行過一場轟動美國的著名辯論。在這場辯論中，林肯憑藉真誠樸實的演講取得了勝利，還被人民尊稱為「誠懇的亞伯」。而傲慢自大的道格拉斯卻被聽眾戲稱為「小偉人」。

在演講時，有錢人道格拉斯特地租用漂亮的高級專車，車後安放一尊大炮，每到一站就鳴 30 響，並且還配上喧鬧的樂隊。道格拉斯口出狂言：「要讓林肯這個鄉巴佬聞聞貴族的氣味。」

面對道格拉斯的狂妄自大，林肯泰然處之，沉著應戰。林肯沒有豪華的派頭，他買票乘車，每到一站就登上朋友們為他預先準備好的馬拉車。在一次演講中，他說道：「有人問我有多少財產，我有一個妻子，三個兒子，都是無價之寶。此外，還租有一個辦公室，室內有辦公桌子一張、椅子三張，牆角還有一個大書架，架上的書值得每個人一讀。我本人既窮又瘦，臉蛋很長，不會發福。我實在沒有什麼可依靠的，唯一可依靠的就是你們。」這一番情真意切的話為他贏得了熱烈的掌聲，迅速與選民拉近距離，贏得情感認同和心理認同，從而一舉獲勝。

可見，溝通中真正能打動人心的，並非是你說得多麼流暢、多麼滔滔不絕，而在於是否善於表達真誠。如果在溝通時矯揉造作、言辭虛浮、缺少誠意，那就失去了吸引力，如同一束沒有生命力的絹花，很美麗，但不鮮活動人，缺少魅力。

人是感情動物，語言所負載的內容，除了基本的文字資訊之外，還有感情資訊。這種感情資訊，內涵十分豐富，在談話中有非常重要的作用。正如白居易所說：「感人心者，莫先乎情。」「功成理定何神速，速在推心置人腹。」

真摯的情感最能打動人心，更易受到人們的歡迎。

要想溝通順暢，自信必不可少

　　膽小害羞的人往往因為膽怯而不敢與人溝通，交往僅限於很小的朋友圈子，結果變得越來越孤僻、退縮。膽小退縮的人很少與人溝通，並不是他們自恃清高，相反，他們往往認為自己是不可愛的、不受歡迎的、別人不願與之溝通的。如果他們形成了這樣消極的自我概念，即對自我的一種否定的認識，那他們在行動上就會有意無意的表現得讓人很難接近、很難溝通。當你認為自己是可愛的、被別人接受的，你就會表現得自信，而自信的人也往往是他人所欣賞的，人們也願意與之溝通，而溝通的人越多，就越會增加他們的自信，從而在別人面前就不那麼膽怯退縮了。

　　在與人溝通時，你的自我感覺會在基本上影響著別人如何看待你。如果你自己都覺得「不行」，那麼你讓對方如何賞識你、與你繼續溝通下去呢？可以說，與人溝通，保持自信非常重要。無論何時何地，那些能夠落落大方、自信滿滿的與他人進行溝通的人無疑會成為眾人注目的對象。

　　而且一個人沒有自信，從某種程度上說就是對自己不信任，那麼，在溝通中，別人在意識形態上對你會有種忽視，這樣是不利於與他人建立良好的、公平的人際關係的。一個人如果沒有自信，那麼這個人言語的影響力就弱，所要表達的思想就不會被有效的傳達，也不利於和他人進行有效的溝通。一個人如果沒有自信，那他在別人心目中的分量就會大打折扣。

　　因此，要想溝通順暢，就必須使自己從膽怯緊張中站出來，必須先遺忘恐懼，勇敢的面對問題。社會瞬息萬變，生活的步調如此快速，隨時隨地都

可能出現新的狀況，難道你要一輩子像隻鴕鳥般的逃避現實嗎？多給自己一些信心和勇氣，你就會了現自己其實是很出色的。你要鼓勵自己面對問題，克服膽怯。每個人幾乎都曾經有在眾人面前發表意見的經驗，克服膽怯。即便那些在台上說得眉飛色舞、慷慨激昂的演講家，或者是知名的表演者，他們在面對大眾的前一刻也會膽怯、緊張；但是當他們站在眾人面前時，一切的恐懼就會全部拋諸腦後，一心一意只想把事情做好。因此，克服恐懼的最好的方法就是 —— 接受你必須面對的情況。

敏敏是一位很膽小、害羞的女孩，每次教授發問時，她總是迅速的低下頭去。而這也讓她成功的閃避了許多次教授的提問。可是有一次，教授突然要求敏敏發表個人意見，敏敏很緊張的看了教授一眼，她知道自己躲不過了，也知道同學們的眼神都在看著自己。她告訴自己：「現在不是害怕的時候，如果你害怕了，那麼就會真的鬧出笑話。我必須把握機會，相信自己一定可以的。」於是，她強迫自己忘記膽怯而專心的回答教授所提出的問題。敏敏果然做到了，而且她的表現獲得了教授的肯定。自從之後，敏敏對自己更有信心，再也不是昔日那個唯唯諾諾的膽小女孩了，她說：「其實溝通沒有我所想像的那般恐怖，相反它還充滿了樂趣。」

可見，在日常的人際社交過程中，要有溝通會成功的信心，不要總是被溝通會失敗的心理所困擾。只有透過多與人溝通，才能增加與他人進行比較的機會，才能發現自己的長處，從而有利於形成正確的自我認識和評價，增強自己的信心。當然，自信並非盲目的自信，而是建立在自我認知之上的。所謂自我認知，就是對自己有一個明確的、實事求是的看法和評價，包括自己的性格、能力、長處、短處、人生目標等。

總之，不要把溝通看成是一種負擔，丟掉羞怯和恐懼的包袱，你也可以

打開話匣子，侃侃而談。

平等交流，消除階級才能有效溝通

現實生活中，或許我們在某些方面有優勢、在某些方面比別人要好一點。於是很多人就開始憑藉著這些優勢之處來炫耀自己，總認為自己「優於別人、高於別人」，甚至不把別人放在眼裡。以一種「我是老大」的思維模式來面對生活中的人和事。

從某種程度上來說，這是一種盲目、過度自信的表現，而從另外一個角度來說，這是不具備「平等、親切、和諧」意識的表現。很顯然，這些人無論是為人處世，還是與人溝通，都會不同程度的遭遇別的人拒絕，因為沒有一個人會喜歡和那些「自以為是」的人交流合作。

有一個非常有名的歌手在成名之後突然間發覺自己身邊的朋友越來越少，甚至連以前最知心、最鐵的哥們也漸漸的離開了自己。這讓他感到非常困惑，自己到底出了什麼問題？難道是自己過於注重工作，而疏遠了朋友。為此，他決定休息一段時間。第二天，他請了假，準備回老家與同學聚聚，順便鞏固一下自己的人際關係。

在去聚會的路上，他叫了一輛計程車。一路上，司機只是一臉的冷漠，沒有怎麼與他說過話，只是放了一段戲曲，這使歌手非常氣惱。

「難道自己的名氣還不夠大？計程車司機竟然不認識我？」一路上歌手非常煩悶的想著。

臨下車時，歌手問司機：「你為什麼不放一些流行歌曲呢？」司機回答他：「我認識你，你不就是經常在電視裡唱流行歌的嘛，你唱得不錯，但我從來沒

有認真聽過，因為我不喜歡流行歌曲，我只喜歡聽戲曲。」

　　突然間，這個歌手覺得很羞愧。同時，他也明白了，這個世界上不是所有的人都把你當成寶貝，所以你不要把自己看得太重。否則只會落得一個「孤家寡人」的下場。這也開始讓他反思，自從成名之後，確實把自己看得太重了，處處都覺得自己高人一等，完全沒有把別人放在眼裡。

　　於是在聚會的時候，他盡量表現得很低調，對同學很親切，就像昔日上學的時候一樣。是計程車司機提醒了他，讓他擺脫了做歌星的高姿態，與同學融為一體。很顯然，休假回來之後，這位歌手簡直就換了一個人，而身邊的朋友也越來越多。

　　一個人把自己看得太重，總是一副高高在上的姿態，那麼溝通則很難達到良好的效果。

　　美國加州大學對企業內部溝通進行研究後得出的重要成果：溝通的階級效應。他們發現，來自上司層的資訊只有 20% ～ 25% 被下級知道並正確理解，而從下到上回饋的資訊則不超過 10%，平行交流的效率則可達到 90% 以上。進一步的研究發現，平行交流的效率之所以如此之高，是因為平行交流是一種以平等為基礎的交流。

　　為試驗平等交流在企業內部實施的可行性，他們試著在整個企業內部建立一種平等溝通的機制。結果發現，與建立這種機制前相比，在企業內建立平等的溝通管道，可以大大增加上司與下屬之間的協調溝通能力，使他們在價值觀、道德觀、經營哲學等方面很快的達成一致；可以使上下級之間、各個部門之間的資訊形成較為對稱的流動，業務流、資訊流、制度流也更為通暢，資訊在執行過程中發生變形的情況也會大大減少。這樣，他們得出了一個結論：平等交流是企業有效溝通的保證。

其實，無論是企業上下級之間、朋友之間、父子之間、師生之間，還是夫妻之間溝通，最重要的一點就是把平等的理念注入到交流中去。只有把自己放在和對方平等的位置上，溝通才能更為有效。

學會寬容，先接納別人才能溝通

著名思想家波普說：「錯誤在所難免，寬恕就是神聖。」人與人之間的交往溝通中，不可能沒有爭執、傷害。如果放縱處之，很可能造成更大的傷害。而包容心態則會幫你消除人與人之間的隔閡，縮短彼此之間的距離，使得溝通變得更加順暢和和諧。

再說了，在工作和生活之中，每個人的價值觀、世界觀都會有所不同，遇到矛盾和分歧時，若一味的固執己見，難免會出現傷和氣的場面。如果夫妻兩人個性都很強，在溝通上勢必會帶來障礙。可以說，除了所謂的「知音」之外，很少有人能真正做到充分溝通。這其實是很多問題的共同根源。解決這個問題，需要人們拋卻主觀認知，養成不用自己知識和經驗判斷別人的習慣，認真的觀察和體會他人，品味對方想表達的意思，做到以一顆寬容的心態來待人處世。如此才能讓溝通更為順暢。

一頭牛和一頭驢在一個槽子裡吃飯。牛穩重，工作勤懇，平常不怎麼喜歡說話，牠看不慣驢那樣子，認為驢的事多，但是牠不願意得罪人。如果牠看不慣驢了，在心裡罵幾句就算了。不過牠只要說話，就能把人噎得夠嗆。驢正直，性子急，想到什麼就說什麼，只要牠認為對的，從來不顧及對方的感受，工作當然也比較毛躁。

有一天，由於主人給的飯不是很多，吃著吃著，牛心裡就想了，我每天

跟著主人去耕田，做很多的粗活，而旁邊這個傢伙卻吃得比我還要多，讓人看著不爽。與此同時，旁邊的驢心裡也在打著算盤，每天都是我跟主人去野地裡割草，我一大車一大車的往回拉，回來後還得讓旁邊的笨蛋一起吃，牠有什麼功勞？

想到這裡，驢很委屈的說：「喂！這些草都是我拉回來的，你是不是能少吃一點呢？」牛正在氣頭上，聽了這話當然不高興了，「好草都留給你，這些玉米豆子都是我跟著主人一天一天辛辛苦苦耕田種出來的。。那麼這些強壯、飽滿、白白胖胖的豆子和玉米，你就別碰了，我們各吃各的，行嗎？」

驢急了，給了牛一蹄子，牛累積多年的怨氣在一瞬間好像山洪暴發一樣，頭一低，對著驢就撞過去了。驢也不是省油的燈，不停的踢牛。牠們誰也不服誰，很多回合過後，兩敗俱傷。

生活中的我們也像故事中的牛和驢一樣，總是能看到別人的缺點，卻無法意識到自己的缺點。我們也總會用一些特定的詞語來形容周圍的同事、上司、客戶、朋友，如細心、豪爽、大方、小氣、自私等。無論是褒還是貶，我們已經在無意之中把自己的思想「囚禁」在一個固定思考模式中。這會影響我們的判斷力，使我們的溝通也帶有局限性，嚴重阻礙我們與他人的交流。因此，在與他人交流和溝通之前，一定要拋棄固有的偏見和固執，用多角度的眼光來看人看事。這樣你會發現他人的風格和特質變得更加立體化、豐富化，而我們的人際關係也會更加廣闊、牢固和協調。

要知道，任何一句話，認真去聽，都可能有其道理。即便是那些讓你難以接受的批評語也有其價值所在。你一個人若沒有一顆寬容的心，不能接受刺耳的話，不能接受自己利益的損失，何談有效溝通呢？溝通是必須的生活技能之一，良好的溝通需要寬容的心做橋梁，寬容需要溝通來展現，不同的

心態，溝通就會產生不同的結果。在溝通的過程中，如果沒有一顆寬容的心，就會出現忌妒、爭吵、敵視等行為。

因此，用平和、淡定的心態，用感恩、寬容的心去接納別人的每一句話，那麼你將會感受到別人的愛與真誠，而不是刁難與指責。這樣一來，我們的溝通將就會越來越順暢。

溝通需要良好的口才

生活中的溝通通常表現為口頭上的交流，因此，正確表達心中的想法才能有利於溝通工作的開展。但是，我們卻不難見到有些人心中很有想法卻不知道如何表達，甚至急得抓耳撓腮，而聽者也是一頭霧水；有些人文筆不錯，但是說話卻顛三倒四，缺乏條理性，不能順暢的表達自己的意思。這兩種人都是口才欠佳的表現，如果連自己的想法都不能很好的表達出來，那麼如何進行溝通呢？所以，只有具備良好的口才才能展現出溝通的魅力。

那麼如何做才能擁有良好的口才呢？我們可以從以下幾方面練習。

克服怯場，樹立自信

與人溝通自信必不可少。有些人面對重大場合或者陌生人的問候，總是會羞於表達，這其實就是缺乏自信的表現。一個人如果缺乏自信，往往會影響溝通效果，不利於與人交流。

缺乏自信和勇氣的人，說話時往往會因為緊張而言語混亂、缺乏邏輯，語氣腔調一旦拿捏不准，很有可能會導致詞不達意，從而造成溝通不良。另外，如果你和別人交流時緊張不安或者拘謹不自然，會讓自己的交流對象也

感到不自在。這會阻礙雙方的溝通。

因此，你要想遊刃有餘地與人溝通和交流，就應該練就自信和勇氣，用自信的口才和別人打交道，定會為你贏得有利的局面。

朗誦與模仿

口才並不是一種天賦的才能，而是需要透過刻苦鍛鍊才能得到的。古今那些能言善辯的演講家、雄辯家無不是透過勤學苦練取得成功的。

日本前首相田中角榮少年時曾患有口吃，為了克服口吃，他常常朗誦、慢讀課文，為了準確發音，他對著鏡子糾正嘴和舌根的部位，嚴肅認真，一絲不苟；美國前總統林肯為了練得一口好口才，常常徒步 15 公里到一個法院去聽律師們的辯護，看他們如何論辯，如何作手勢；見到那些雲遊八方的福音傳教士揮舞手臂、聲震長空的布道，回來後他也學他們的樣子。他還對著樹、樹樁、成行的玉米練習口才。

勤奮刻苦

俗話說：「冰凍三尺，非一日之寒。」良好的口才不是一日就可以練成的，而是要經過刻苦訓練才能得來的。近代著名的演講家馬相伯認為，演講成功的祕訣就在於「勤講多練」。因此，我們要想擁有良好的口才，就應該勤奮學習，不斷努力。

多學習知識

好口才的標準是什麼呢？「滔滔不絕」、「口若懸河」、「口吐蓮花」等這些都不能成為衡量口才的標準。良好的口才要做到言論有內容、有根據、有

條理、有文采。如果沒有豐富的知識做基礎，這些從何而來呢？縱觀歷史上那些演說家、談判高手，雖然他們涉足的領域不同，但是他們無一不具有淵博的知識。擁有廣博的學問，說話才有底氣，辯論方能胸有成竹。一個人才疏學淺，即使巧舌如簧也不能算是好口才，因為口才好的人，不僅需要善於說、敢說，還必須會把話說到點子上。

有句古話：聽君一席話，勝讀十年書。與口才好的人交談也能增長見識、提高修養，受益匪淺。口才本身就是一項寶貴的資源，有助於我們事業的發展。

掌握恰當的方法

科學的方法可以事半功倍。掌握科學的方法，持之以恆，一定會練就一副好口才。由於各人的資質、學識不同，方法因人而異。

1. **速讀法**。你可以選擇演講詞，也可以是繞口令來作為速讀的內容。需要注意的是，你要在讀的過程中逐漸加快語速，直到達到你的最快速度為止；同時保證語音準確，吐字清晰。這種方法意在鍛鍊人口齒伶俐的程度。

2. **複述法**。簡單的說，複述法就是你把別人剛說過的話重複敘述一遍。這種訓練口才的方法，旨在提高人的記憶力、反應能力、邏輯思維能力。

3. **模仿法**。模仿的過程其實也是一個學習的過程。運用模仿的方法來練口才，需要注意的是，你要注意模仿對象在溝通時的動作、語氣、表情等等。

4. **描述法**。描述法類似於看圖說話，我們在用這種方法鍛鍊口才時，可以將生活中的景、事、物、人用語言進行描述。描述法的關鍵是要求你自

己去組織語言。它的訓練目的主要就是為了鍛鍊語言組織能力和語言的條理性。

5. **情景暗示法**。你可以想像自己是在一個大眾場合講話，然後你再根據這個場景來認真組織相關的語言。這樣的口才鍛鍊法有助於你在溝通時減少壓力。

高效的溝通從傾聽開始

俗話說：「雄辯是銀，傾聽是金。」如果你希望成為一個善於與人溝通的高手，那你就應該先做一個會傾聽的人。要使別人對你感興趣，那就應該先對別人感興趣。傾聽，不僅僅是對別人的尊重，也是對講話者的一種高度的讚美，更是對講話者最好的恭維。我們知道，在社交過程中，最善於與人溝通的高手，往往是那些善於傾聽的人。試想，如果你能傾下身子，很謙虛的傾盡全部注意力去聽。這樣，說的人也會傾其所有，知無不言，言無不盡。溝通的目的不是「說」，而是「聽清楚，說明白」，要達到雙方都完全了解的目的。

有一位經驗很豐富的溝通高手給出的建議是：「溝通的關鍵不在於說多少，而是要學會少說話。」多聽少說，做一個好的聽眾，表現出願意傾聽、接受別人意見和想法的樣子很重要。

傾聽，是邁向成功的第一步。英國著名首相邱吉爾說過：「站起來發言需要勇氣，而坐下來傾聽，需要的也是勇氣。」

事實上，生活中我們很難找到善於傾聽的人。一個善於傾聽別人說話的人，能給對方及時的回饋，使說話的人對其產生惺惺相惜之感，並給予熱忱

的回報。因為每個人都希望獲得別人的尊重，受到別人的重視。當我們專心致志的聽對方講，努力的聽，甚至是全神貫注的聽時，對方一定會有一種被尊重和被重視的感覺，雙方之間的距離必然會拉近。

但是，有相當一部分人在聽人談話時很難做到虛心傾聽。有些人覺得在某個問題方面自己知道得更多，就經常打斷對方的講話，中途搶過話題，迫不及待的發表自己的意見，不顧對方的想法而自己發揮一通，這是一種不尊重對方的表現，而實際上你也未必在此時就真正把對方的意思聽懂、聽明白，甚至常常是沒說上幾句話，就產生糾紛了，這就是由於沒有虛心傾聽對方談而造成的。

因此，在與人交往的過程中，我們都要掌握聽人講話時應該注意的事項，即掌握聽的規則，從而提高交往的效率，成為職場社交的大贏家。

要搞清自己聽的習慣

首先要了解，你在聽人講話方面有哪些好的習慣，有哪些壞的習慣。你是否對別人的話匆忙做出判斷；是否常常打斷別人的談話；你是否經常製造交往的障礙等等。了解自己聽的習慣是正確運用聽的技巧的前提。

不要逃避交往的責任

交談必須有說話者和傾聽者，雙方缺一不可，而且每個人都應輪流扮演傾聽者的角色。作為一個傾聽者，不管在什麼情況下，如果你不明白對方說出的話是什麼意思，你就應該用各種方法使他知道這一點。在這裡，你可以向他提出問題，或者積極的表達出你聽到了什麼，或者讓對方糾正你的錯誤之處。如果你一言不發，或者一點表示也沒有，那麼，誰能知道你是否聽懂

了對方的話。

全身都要注意

要面向說話者，同他保持目光接觸，就連你的姿勢和手勢都證明你在傾聽。無論你是站著還是坐著，與對方要保持在對於雙方都最適宜的距離上。要記住，說話者都願意與認真傾聽、舉止活潑的人交往，而不願意與「木頭人」交往。

要把注意力集中在對方所說的話上，每個人都有注意力不集中的時候，雖然這個時間不長，但我們在聽對方談話時一定要有意識的把注意力集中起來，努力把環境的干擾壓縮到最小限度，避免分心。通常積極的姿勢有助於我們把注意力集中在對方所說的話上。

努力理解對方的言語和情感

傾聽不僅要聽對方傳達的資訊，而且要「聽」對方表達的情感。例如：假設一個工作人員這樣說：「我已經把這個 case 完成了。」而另一個工作人員卻這樣說：「謝天謝地，我終於把這些該死的 case 弄完了！」儘管這兩個工作人員所發出的資訊內容相同，但後者與前者的區別在於他還表達了負面情緒。一個不僅傾聽工作人員講話的內容，而且理解他的情緒的細心的上司，在下達新的任務以前，就已經取得了這些訊息。

要觀察講話者的非語言訊號

既然交往在很多時候是透過非語言方式進行的，那麼，就不僅要聽對方的語言，而且要注意對方的非語言表達方式，這就是要注意觀察說話者的臉

部表情，如何同你保持目光接觸，說話的語氣及語調和語速等，同時還要注意對方站著或坐著時與你的距離，從中發現對方的言外之意。

要對講話者保持稱讚態度

對講話者要保持稱讚態度能造成良好的交往氣氛。傾聽者的稱讚越多，講話者也就越能準確的表達自己的思想。相反，如果你對講話者表現出極為消極的態度，可能會引起他的防禦反應，產生對你的不信任感和警惕性。

要努力表達出理解

在與人交談時，要努力弄明白對方想表達的情感及意思。如果你能全神貫注的聽對方講話，不僅表明你理解他的情感，同時也有助於你準確的理解對方的資訊。

要傾聽自己講話

傾聽自己講話對於培養傾聽他人講話的能力是特別重要的。傾聽自己講話可以讓你了解自己，一個不了解自己的人，是很難真正的了解別人的。傾聽自己對別人講些什麼，是了解自己、改變和改善自己聽的習慣與態度的一種手段。如果你不傾聽自己如何對別人講話，你也就不會知道別人應如何對你講話，你當然也就無法改變和改善自己聽的習慣與態度。

要以相對的行動回答對方的要求

對方與你交談的目的往往是想得到某種可感覺到的資訊，或者使你改變觀點，或者迫使你做某件事情等。在這種情況下，採取適當的行動就是對對

方最好的回答。

　　總之，高效率溝通有時候需要我們做一位誠懇的傾聽者。俗話說：「善聽者善交人。」如果要想做到高效率溝通，就應該學會「傾聽」。

第三章　求人做事，口到事就成

俗話說：「求人難，難於上青天。」但只要你溝通好了，求人並不是什麼難事。對於處在生活群體中的我們，求人做事是常有的事，如何讓別別人心甘情願的為你做事，就必須懂得如何與對方溝通，如此才能達到把事辦好的目的。

看人說話，做事不難

鬼谷子曾經說過：「與智者言依於博，與博者言依於辯，與辯者言依於事，與貴者言依於勢，與富者言依於豪，與貧者言依於利，與戰者言依於謙，與勇者言依於敢，與愚者言依於銳。」「說人主者，必與之言奇，說人臣者，必與之言私。」

求人做事，除了要考慮對方的身分以外，還要注意觀察對方的性格。一般說來，一個人的性格特點往往透過自身的言談舉止、表情等流露出來，如：那些快言快語、舉止簡捷、眼神鋒利、情緒易衝動的人，往往是性格急躁的人；那些直率熱情、活潑好動、反應迅速、喜歡交往的人，往往是性格開朗的人；那些表情細膩、眼神穩定、說話慢條斯理、舉止注意分寸的人，往往是性格穩重的人；那些安靜、憂鬱、不苟言笑、喜歡獨處、不善交往的人，往往是性格孤僻的人；那些口出狂言，自吹自擂，好為人師的人，往往是驕傲自負的人；那些懂禮貌、講信義、實事求是、心平氣和、尊重別人的人，往往是謙虛謹慎的人。對於這些不同性格的對話對象，一定要具體分析，區別對待。

《三國演義》中，馬超率兵攻打葭萌關的時候，諸葛亮私下對劉備說：「只有張飛、趙雲二位將軍，方可對敵馬超。」這時，張飛聽說馬超前來攻關，主動請求出戰。諸葛亮佯裝沒聽見，對劉備說：「馬超智勇雙全，無人可敵，除非往荊州喚雲長來，方能對敵。」張飛說：「軍師為什麼小瞧我！我曾單獨抗拒曹操百萬大軍，難道還怕馬超這個匹夫！」諸葛亮說：「馬超英勇無比，天下的人都知道，他渭橋六戰，把曹操殺得割鬚棄袍，差一點喪命，絕非等閒之輩，就是雲長來也未必能戰勝他。」張飛說：「我今天就去，如戰勝不了

馬超，甘願受罰！」諸葛亮看「激將」法起了作用，便順水推舟的說：「既然你肯立軍令狀，便可以為先鋒！」

很多時候，一個人的性格會影響他做事的效果。諸葛亮針對張飛脾氣暴躁的性格，常常採用「激將法」來說服他。每當遇到重要戰事，先說他擔當不了此任，或說怕他貪杯酒後誤事，激他立下軍令狀，增強他的責任感和緊迫感，激發他的鬥志和勇氣，掃除他的輕敵心態。

可見，要想求對方順利辦成事，必須深入了解對方的性格、身分、地位、興趣，然後投其所好，避其所忌，攻其虛，得其實。只有做到知己知彼才能針對不同的對手，採取不同的會談技巧。做事時要見什麼人說什麼話，說話不看對象就達不到求人做事的目的，就不能順利的把事情辦好。

在與人溝通中最重要的一點就是要「燒香看佛，說話看人」，左右逢源，見什麼人說什麼話。尤其是在求人做事的時候，更是要看人說話，不能急病亂投醫。只有在求人做事的過程中根據各種人的身分地位、性格愛好和其心理採取不同的處理方式，並把握分寸，才能把事情辦好。尤其注意的是以下兩點不容忽視：

不能忽視對方的身分地位

無論在哪個國家、什麼時代，人們的地位等級觀念都是很強的。對方的身分、地位不同，你說話的語氣、方式以及做事的方法也應有異。如果不明白這一點，對什麼人都一視同仁，則很可能會被對方視為無大無小、無尊無賤，尤其當對方是身分地位比你高的人時，他會認為你沒有教養，不懂規矩，因而不喜歡聽你的話，不願幫你的忙，或者有意為難你，這樣就可能阻礙你做事的路子，使所辦之事遇到障礙。

聰明人都是懂得看對方的身分、地位來做事的，這也是做事能力與個人修養的展現，平常我們所說的「某人會做事」，基本上就展現在「見什麼人說什麼話」的才智上。這樣的人不只受上司器重，而且同事也不討厭他，這樣，辦起事來就會容易很多。

看準對方的性格，不同對待

人各有其情，各有其性。有的人喜歡聽奉承話，給他戴上幾頂「高帽」，他就會使出渾身力氣幫你做事；有的人則不然，你給他戴「高帽」，反而會引他敏感性的警惕，以為你是不懷好意；有的人剛愎自用，你用激將法，才能使喚他把事辦好；有的人脾氣暴躁，討厭喋喋不休的長篇說理，求他做事，說話就不宜拐彎抹角。

讚揚恰如其分，求人做事不難

讚美是一種放諸四海皆實用的說話做事技巧。當對方感到飄飄然的時候，突然提出自己的要求，並在話裡話外，使對方感到自己的權威受到了懷疑，受到了挑戰，他就會盡全力證明。如果辦不到你所求的事，就會感到過意不去。

擁有權力的人都不容許別人對自己的權威質疑，求人做事時，抓住這一點，可以幫我們順利把難辦的事辦成。當然了，如果用懷疑對方權威的方法不能把事辦成，那麼你還可以先極大的滿足對方的虛榮心，當對方的虛榮心極大的得到滿足的時候，對於你提出的困難，對方一般都會盡力解決。

王科長是一位剛剛被提拔上來的新手。一次開會上，他要求大家提供意

見。大家礙於面子，沒有人敢先提問。最後，科裡的「元老」老李說了：「王科長到這裡後，可謂大刀闊斧進行了改革，科裡的工作現在已有了頭緒。大家比以往更團結，成績也是有目共睹的。只是最近大家有點緊張，希望王科長能幫幫大家。」王科長聽後，意識到該給大家做些生活福利，於是採取了一些措施。

老李可以說是提意見的高手。他先肯定王科長上任後的工作成績，對其大加讚美一番，使王科長心裡甜滋滋的，然後乘機再提出大夥的意見，反映出他對下屬關心不夠，體貼不夠。這種方式，容易使上司意識到自己成績是主要的，是值得大家效口稱讚的，而不足只是次要的。這樣做既不得罪他，又激起了他改進不足的積極性。

求人做事，很多時候必須在他人身上細思量，狠下功夫，大加讚美。這是說服對方的要害所在，切中了要害，所求之事一定會大功告成。那麼，在讚美別人時應從哪些方面入手較易成事呢？

讚美對方與你的需求相對應的能力或成績：當一個人很有興趣的談到他的專長，或他所取得成績，或他所開展的某項業務的輝煌時，你適時的提出與之相關的需求，在這樣的時刻，他拒絕你的可能性最小，你的要求得到滿足的成功率最大，這是經過心理學家及社會學家的實驗證明的。那麼，當你有求於人時，就需要運用讚美，營造一個合適的氛圍，使你的需求最大可能和最大限度的得到滿足。

讚美與對方密切相關的事物：在一些特定的場合，對陌生人直接的讚美會顯得矯揉造作，不妨借助與對方密切相關的其他事物，表現出自己對對方眼光獨到、經營有方的欣賞，使其心情愉快，然後再提出自己的請求。因為好的心情會使一些本來難以處理的事情變得順利。

央求不如婉求，勸導不如誘導

「央求不如婉求，勸導不如誘導」是求人做事的成功法則。當你需要別人幫你做事時，一味的苦口婆心、用大道理勸說對方，也許他並不會領你的情，自然所求之事也將無望。但如果採取一種誘導的方式時，或許對方會心甘情願的進入你的軌道，乖乖的按照你所說做事。

劉妍是某企劃公司的業務員，公司的很多同事常常還未開口，就被客戶趕了出去，但劉妍辦起事來卻很有一套方法，這讓她贏得了不少客戶。

一次，劉妍去一家公司推銷自己的項目，見到老闆後，她這樣說道：「您好！我是凱納公司的銷售人員小劉，今天我來這裡的目的，是為了幫貴公司賺錢。」

「給我們賺錢？什麼錢？」客戶好奇的問。

「提高公司的營業額對您一定很重要，是不是？」劉妍鎮定的問。

「那當然了。」

「那提高營業額的有效方式是找到目標客戶群對不對？」劉妍接著問道。

「是啊！」

「正好，我要給您介紹的這幾種行銷服務專案，將非常有利於實現您的目標。」

「哦？說來聽聽。」

接著，劉妍便開始介紹起自己的專案，幾十分鐘後，她成功的簽下了訂單。

要想引起別人對你的計畫熱心參與，必須先誘導起他們的好奇心，或者

誘導他們嘗試一下，可能的話，不妨讓他們先從容易的事情入手，因為這些容易成功的事情，往往是一種令人興奮的真正的成功。然後再誘導他去做重大的事情，這時他渴望成功的意識已經被你刺激到了，於是他就會很高興的為了愉快的經驗再嘗試一下。

《紐約時報》的總編輯雷特，就是用這種方法求得了一位賢才的鼎力相助。

當雷特還在格里萊社長辦《紐約論壇報》任總編輯的時候，身邊正缺少一位精明幹練的助理。他的目光瞄準了年輕的約翰·海，他需要他幫助自己成名，幫助格里萊社長成為這家大報成功的出版家。但當時約翰·海剛從西班牙首都馬德里卸下外交官職，正準備回到他的家鄉伊利諾州從事律師行業。

雷特看準了約翰·海是人才，可是他怎樣才能使這位有力的青年放棄自己的計畫，而在報社就職呢？

經過一番思考後，雷特邀請約翰·海到聯盟俱樂部吃飯。飯後，他又提議約翰·海到報社去玩玩。雷特在許多電訊中找到了一條重要的消息，那時恰巧負責國際新聞的編輯不在，於是他對約翰·海說：「請坐下來，為明天的報紙趕寫一段關於這條消息的社論吧！」約翰·海自然無法拒絕，於是提起筆來就做。社論寫得很棒，格里萊社長看後也很讚賞，於是雷特請他再幫忙一星期、一個月，漸漸的乾脆讓他擔任這一職務。約翰·海就這樣在不知不覺中放棄了回家鄉做律師的計畫，而留在紐約做新聞記者了。

正所謂「無心插柳柳成蔭」，生活中的很多事就是這樣，你苦口婆心的勸導並非能達到想要的結果，但是採用誘導的方式做事，對方自己反倒心甘情願的為你做事。所以，求人做事時，用婉求代替央求，用誘導代替勸導，反

倒易成事。

好事不怕多磨，久磨必然成功

　　求人做事總是會遇到好言說盡，但是對方依然以各種藉口和理由搪塞、推託和拒絕，讓你無計可施。有些人在這種情況就打起了退堂鼓，也不再另行組織「進攻」。但也有性格頑強、不達目的誓不甘休的人，他們採用軟纏硬磨法，友好的賴著對方的時間，賴著對方的情面，甚至有的還賴著對方的地盤，不答應幫忙就不撤退，不把事情辦成就是不回頭，搞得對方急不得惱不得，到最後不得不答應他的要求，這個時候他才鳴金「凱旋」。

　　久磨消耗的是時間，在現實生活中，人們最耗不起的就是時間了，而消耗對方的時間恰恰是一種有效的做事武器。再加上你的耐心和誠心，事情多半會成功。

　　如果你有足夠的耐心，擺出一副「打持久戰」的架勢，便會對對方的心理產生一種強大的震懾力。以「磨」制「拖」，足以使對方改變態度，加快做事速度。

　　「磨」在求人做事中有著神奇的魔力。有些時候你向別人求助，對方因種種原因不同意辦理此事，而此事又是合情合理的，在這種情況下可採取「磨」的辦法。那麼，怎樣才能「磨」到點子上呢？

　　其一，要將笑臉寫在臉上，文質彬彬的向別人擺事實、講道理，這樣對方看到你就會心生一種親切感，也會樂於為你做事。

　　其二，要講求策略，使對方注意你。動之以情，積極、地主動的向對方解釋、溝通，不斷軟化對方的心靈。這就需要你全心投入，要有百折不撓

的精神。

其三，「磨」不是要賴，而是一種禮貌、靜靜的等待，期待對方給你答覆。不能讓對方覺得你是在刻意找麻煩，有意影響他們的工作與休息，要做到通情達理，盡量不干擾對方，這樣才能「磨」成功。

巧設飯局，餐桌上易成事

在今天，每一個成熟的社會人和「飯局」都有著不解之緣。「飯」關係你的生存品質，而「局」決定了你的發展前途。在溫飽已經不是問題的時候，「局」的作用就變得比「飯」更為緊要。

人與人之間關係連結的管道有很多，同學、同事、親緣、鄉緣等都是關係的紐帶，而如果想使關係更「密切」，同盟更緊密，飯局是最普遍也最有效的途徑。

既然我們的生存和發展都離不開飯局，那麼解析飯局、操縱飯局的學問就不可忽視。飯局經濟學是一門邊緣卻又現實的學問，看似簡單易行，實則別有洞天。

民以食為天，吃飯天天要吃的。請人吃飯是一種很濃厚的友誼，而接受他人宴請，則是受了很大的尊重。這一來一往間，人情也做了，感情也交流透了，求人做事也就變得簡單了。

因為工作關係，王先生與妻子常年分居兩地。這不，恰巧近段時間部門裡有一個空缺職位，王先生就想著把妻子給調過來。可是這年頭，誰都想調到都市裡工作。因此，這個職位也成了搶手貨，大家都搶著把自己的親朋好友往部門裡調。

王先生覺得自己應該想想辦法，把握這次的機會。思前想後，王先生覺得自己應該從人事部李主任愛喝酒上下點功夫。這天，王先生藉故與人事部主任來了個巧遇，然後假裝很外地意外的說：「哎，李主任，我正準備去找你呢？前幾天我一朋友送來一瓶金門高粱，想著你最懂酒了，所以想請你跟我一起喝兩杯。」

李主任一聽見有酒喝，而且還是金門高粱，肚子裡的酒蟲早就被勾起了，但還是客氣道：「哎，這怎麼好意思呢！」

「咱倆誰跟誰，有什麼好客套的。再說了這酒啊，還得懂酒的人喝。你說是吧！」王先生說。

於是，王先生便把李主任給請到了家，等到了家時，從外面訂的菜也被送到了門口。於是兩人便擺上菜喝了起來。幾杯酒下肚，李主任問道：「哎，我說咱倆都喝了半天了，怎麼都不見你家裡人啊！都出去了嗎？」

王先生設這個飯局，就等李主任這句話呢，於是便自嘲的笑了一下說：「我們家現在就我一個人，我老婆在外地工作，為了方便照顧孩子，孩子也跟著老婆在外地上學。也就每年寒暑假的時候能抽點時間，一家人見個面。」

「什麼，就你一個人在這邊，這件事我怎麼一直都沒聽說過？真不知道你一個人是怎麼過的。」李主任一臉吃驚的問。

「哎，你說我自己的家事幹嘛要整得人盡皆知。我也想讓老婆調到這邊工作，好讓一家人團聚。可是你也知道，想調到這裡的人太多了，等輪到我們不知道要哪年哪月了。」王先生嘆了一口氣說。

聽到王先生的話，李主任猶豫了半天說：「其實不瞞你說，最近部門裡剛好有個職位空缺，我看這樣吧，我幫你看看，能不能把你老婆給調過來。」

聽到李主任的話，王先生知道，自己今天的目的達到了，於是忙大喜的道：「是嗎，那真是太謝謝你了。要是這事能成，你就是我們全家的恩人了。」

自然，後來王先生的老婆被調到了部門裡工作，王先生一家人終於不再分居兩地了。

「酒逢知己千杯少」，餐桌是連接陌生人變為摯友的紐帶，同時也是做事的最佳途徑。在餐桌這個特殊的社交場合中，學會巧妙的利用「酒話」做事，定會收到很好的效果。

酒這玩意是公認的社交潤滑劑，談起喝酒做事應酬，幾乎所有的人都有過切身體會，不管多麼難的事，經過酒的「論證」就不難了；不管多麼嚴謹的人，經過酒的「穿腸」後就不是自己了。所以，學會巧妙的利用「酒」來做事，不僅有助於溝通，而且還有助於事情早日解決。

託人做事，迂迴開道

我們都知道，兩點之間直線最短。可是在很多時候，一味的堅持直線，反而會讓事情更糟。就像遠行的人，如果前面有高山擋路，路上有石頭絆腳，自然會想出各種辦法繞過去，或者動動腦筋另闢蹊徑。這種做法是比較聰明的，也就是繞著圈子最終達到目標。

我們說話做事的時候，有些話不能直說，於是就要拐彎抹角的去說：在我們來往的範圍裡，有些路不容易走，就需要逢山開道，遇水搭橋；如果你實在搞不清對方葫蘆裡賣的什麼藥，就要拐彎抹角去摸清對方的底細；有的時候，為了使對方減輕敵意，放鬆警惕，我們甚至可以繞彎和兜圈子，也可

以用「顧左右而言他」的迂迴戰術。

人們常說：萬事開頭難。的確，開口託人做事是件很不容易的事，如果一開口就道明來意，很容易造成別人的反感，但是多轉幾個彎，採用點迂迴戰術，那麼難事也就變得容易了。

一般而言，在求人做事時以下幾種迂迴之法可助你成事：

1. 用虛話套實話

為人的一條準則，就是老實人說老實話，但直腸子未必處處受歡迎，特別有時連自己也不明白要說的是不是實話，那該怎麼辦呢？這時就應該採取用虛話套對方的實話，等到探知了對方的底細，那麼提出的所求之事就易辦成。

小劉託好友王局長為自己辦件事，忽然聽說他被捕「進去了」，又不知真假，就到王局長家探望。確實只有局長夫人在家，滿臉愁容。小劉開口道：「老王怎麼沒在家呀？」果然王夫人長嘆一聲：「唉！心臟病又犯了，昨天送進醫院了……」

原來如此！如果小劉實話詢問王局長是否真的被捕了，那場面一定會很尷尬，所託之事自然是沒戲了。但是小劉用客套話套出了實情，一來不顯得唐突，二來自己還可自如轉換。這樣做進可攻，退可守，是與人溝通的良方。

2. 用輕鬆幽默的玩笑話說實事

話題的選擇是一個很關鍵性的問題。輕鬆幽默的話題，往往能引起感情上的愉悅；莊重嚴肅的話題會使人緊張、慎重。只要有可能，最好能把莊重

嚴肅的話題用輕鬆幽默的形式說出來，這樣對方可能更容易接受。

一個剛剛畢業的年輕人在一家外資企業打工，在較短的時間內，連續兩次提出合理化建議，使生產成本分別下降 20% 和 10%。外商老闆對他非常的滿意，對他說：「小夥子，好好做，我不會虧待你的。」

年輕人當然知道，承諾若不落實就是一句空話，可謂是一文不值。於是他想了想，輕鬆一笑說：「我想你會把這句話放到我的薪水袋裡。」外商老闆會心一笑，爽快應道：「會的，一定會的。」結果不久他就獲得了一個大紅包和加薪獎勵！

面對老闆的鼓勵，年輕人如果不是這樣俏皮，而是坐下來認真嚴肅的提出加薪要求，並擺出理由若干條，豈不太煞風景，甚至適得其反。所以，有時候用輕鬆幽默的玩笑說出實話，更易達到我們想要的結果。

3. 說話要有繞彎子的藝術

有時，一些話自己說出來顯得尷尬，這時，誘導對方先開口無疑是上上之策。

李老闆一直與王剛有生意方面的往來，由於是老客戶，所以積壓幾萬塊欠款也很正常。可是前幾天，王剛卻暴病身亡，這讓李老闆立即陷入了兩難的境地。若開口追款，太刺激王剛的未亡人；不提此事，自己的這筆欠款就等於是飛了。

參加完葬禮後，李老闆這樣對王剛的夫人說：「真沒想到王剛就這樣走了，我們的合作一直都很順利。這樣吧嫂子，王哥的那些生意你也有所了解，你就出面繼續把生意做下去，需要我跑腿的時候就儘管說，只要我能幫的一定會盡力幫忙。」

這樣一來王剛的妻子反過來安慰他道：「這次出事讓你生意上受損失了，我也沒辦法做下去，你的那筆欠款我會想辦法還清，不過還希望你能給我點時間。」

李老闆雖然沒有絲毫追款的意思，還豪氣沖天，義氣感人，其實他明知王剛的妻子沒有能力也沒有心思做下去。話中又加上巧妙的提醒：我只能跑腿花力氣，卻不熟悉那些門路；困難不小還又時不我待。如此一來，得到了欠款會被還清的承諾，而且還給別人留下了有義氣的好印象。

4. 說話客氣是做事的前提

託人做事既然有求於人，因此開口說話就需要客氣一些，那麼把握怎樣的分寸與人說話才算客氣呢？

用商量的口氣把要辦的事說出來，如：「能不能快點把這件事做一下？」裝作自己沒把握，把請求、建議等表達出來，給對方和自己留下充分的退路。例如：「你可能不願意接受，不過我還是想讓你考慮一下。」

在別人或者向別人提出建議時，如果在話語中表示人家可能不具備有關條件或意願，那就不會強人所難，自己也顯得很有分寸。先提出部分要求，以便對方順利接受，然後再步步深入。我們會經常發現，人們在提出某些請求時往往會把大事說小，這並不是哄騙對方，而是適當減輕給別人帶來的心理壓力，同時也使自己便於啟齒。

第四章　上通下達，
溝通讓你搭上成功的直達車

　　職場是個小江湖，同是也是一個複雜的地方。在這裡，你會和各種各樣的人打交道，也會碰到各種各樣的麻煩和尷尬事。任何一種關係處理不好，都會對你的職場生涯帶來不小的衝擊和影響。而你的溝通技巧，則是處得好職場人際關係和提升工作效率的關鍵，也是事業取得成功的一個決定因素。因此，不管你是上司還是員工，都應該在溝通技巧上下工夫，如果能讓自己的溝通做到上通下達，那麼你就能在複雜的職場裡遊刃有餘。

職場人生，贏在溝通

職場是人生的重要舞台，你的表演是否精彩、人生是否成功，都取決於溝通。為什麼有的人能夠平步青雲，為什麼你的專業技術非常好，卻總是得不到重用？

為什麼有些被解雇者不是因為專業技能差，而是因為溝通技能差？

溝通是人生的第一工具，它在我們的工作中有著非常重要的作用：部門與部門之間的交流、討論需要溝通；樣品的製作、貨物的生產，需要透過溝通來確定具體的細節要求；同事之間、上下級之間需要透過溝通來更好的開展工作；團隊的配合需要溝通來上下調節……總之，在工作中，溝通可以促進事業成功。如果不重視溝通，會給公司帶來不良影響：工作難題不易解決，同事關係難以處理，生產環節連接不暢，公司難以取得快迅的發展。

溝通是人們處世的一種藝術，是成功者必備的一種素養，是每一個職場人都應掌握的一門技巧。而溝通是以結果來衡量的，職場人生，要做到有效溝通必須熟知以下規律：

1. 大膽的誇獎

常言道：「好話一句三冬暖，惡語傷人六月寒」，人最想聽到的是好話，好話是誇出來的。我們一定要注意，有效溝通的第一規律就是溝通從誇獎開始。

拳不離手，誇不離口，在職場，只要敢誇，就會獲得好人緣，只要你逢人便誇，你的溝通品質就一定高，就一定會獲得友誼和成功。

職場高手一般都是誇人的天才。不妨從你的身邊人開始誇，職場新人生

就從「誇」開始。

2. 成功的信念

溝通要成功，信念要貫通。信念是成功者最重要的意志力特質，也是一個人溝通素養的具展現。信念，顧名思義就是相信自己的念頭。如果你做的事情連自己都不相信，怎麼能夠成功呢？

當你選擇一個企業時，你一定要堅信你所選擇的企業是你熱愛的企業，你所從事的工作是你職業生涯裡最最重要的工作，根據溝通的潛規則，同事一般不會反其道而行之，都會順從你的意志從事，因為這樣職場風險就會大大減少。

在職場外與客戶溝通，如果你對企業的熱愛達到如數家珍，達到熱情飛揚，別人也會產生與你一樣的情懷，從而達到溝通的目的。

3. 平常心

溝通猶如博弈，平常心、冷靜者都會是贏家。平常心是道，道出平常心。職場溝通中，與上級溝通最容易失去平常心，因為想到個人升遷，想到把自己最好的形象和最大的魅力展示給上司，最後往往最適得其反，不盡如人意。

與客戶溝通也易失去平常心，急功近利心態就是常見的一種。可是心態一失常，客戶就會生疑，一生疑障礙就自然產生。其實溝通的成功一定是在心平氣和的氛圍中溝通出來的。職場溝通中的平常心境界是修練的結果。有了平常心才會冷靜，有了冷靜才會傾聽，有了傾聽才會正確理解對方的資訊，最後才能夠實現高效率溝通。

4. 雙贏的智慧

職場溝通中，誠信和雙贏已經是非常重要的規則了。只做一次生意已經不是市場經濟的主旋律了，企業和產品的品牌經營已經成為市場的主流聲音。品牌經營就意味著誠信是經得起時間檢驗的。

你希望同事的客戶在乎你的感受，你希望成為贏家，同樣，對方也會有這樣的需求，怎麼辦呢？那就必須謀求雙贏甚至是多贏格局。

5. 適當的技巧

溝通高手都會借技巧來實現目標的。比如：在溝通中善於傾聽；在溝通中能夠恰到好處的滿足對方的虛榮心；在營造良好的氛圍，不要隨意打斷對方；在溝通中，提對方非常願意聊的問題，及時讚美對方等。這些都是溝通中不可或缺的技巧。

6. 真誠的情感

人是高級情感動物，以情感人是溝通中的高級規律之一。本來真誠就是邁向心靈的橋梁，加上有情有義，就會很快贏得人心。

帶著情感溝通，就必須要知道對方的情感共鳴點，事先一定要做好充分準備，無論是上司、同級、下屬還是客戶，我們都必須做到知己知彼，一定要研究他們，知道他們一生中最經典的、最難忘的真情故事，然後，以感同身受的情懷去理解和讚美，最好以實際行動去表達。

7. 專業的素養

專業值得依賴，專業值得尊敬。職場溝通中，你的專業素養和素養是成

功溝通的基礎。溝通到位的前提是你的專業到位。假如你和上司溝通一個問題，你一開口，上司就會知道你的專業素養，和客戶溝通，你能否專業表達企業的核心競爭力，是溝通成功的保障。

職場溝通中，任何人任何客戶都願意和具有相當專業素養的人和公司打交道，因為這是謀求雙贏的關鍵。

8. 良好的心態

生命狀態是人類的最高語境之一。一個不好的狀態一定會傳染給對方，為什麼世界 500 強企業和做得比較好的大企業，無論國有企業還是私人企業，都有早會制度，早會的目的絕非布置任務這麼簡單，其最大的意義是振奮精神，調整生命狀態，抵達顛覆狀態後，一天的工作才是最有效率的。有的公司晨會乾脆就讓員工跳熱情舞蹈 10 分鐘，當大家信心和熱情被啟動起來後，工作就會事半功倍。

人們的潛意識會告訴你，誰都願意和充滿熱情、自信、陽光的人溝通。因此，沒有良好的狀態千萬別去溝通。

9. 人格魅力

溝通為做事，做事先做人。做人的最高境界就是修出讓人尊敬的人格。很多人為了目的不擇手段，一時的目的達到了，卻把自己丟了。而那些具有人格魅力的人，總能贏得更多人的信任和賞識。

在職場中，很多人都不懂得和上司、同事以及下級進行妥協性的溝通。溝通有一個潛規則，溝通無對錯，錯在無公理。因此，彼此雙方誰都不願意認為自己錯了，即使被公認為有錯的一方，他也會認為是對的。這是一個溝

通的重大節點，怎麼辦？只能以公理為裁判，假如你被公理界定為錯了，我的建議是：大膽的去道歉，真誠的告訴對方：「對不起，我錯了。希望你能原諒我。」千萬別小看這個小小的妥協，它會迎來人格和人脈。

總之，在事業的征途上，溝通就像是一把把打開成功之門的鑰匙，它能夠為我們贏得上司的依賴、同事的合作、下屬的尊重。因此，我們要善於運用溝通的技巧，透過巧妙、得體的溝通藝術，為自己贏得輝煌和成功。

巧妙的向你的上司「進言」

俗話說：「一句話說得讓人跳，一句話說得讓人笑。」同樣的目的，表達方式不同，造成的後果也大不一樣。如果向上司進言時不注意方式方法，恰恰又碰上一位心胸狹窄、剛愎自用的上司，即使再關心本公司的建設，腦子裡裝著再好的意見，那忠言逆耳也未必能夠被上司接受，甚至可能無意之間觸及了上司心中的隱痛，給自己招來禍端。

對於上司向來雷厲風行的作風，同事們的非議不少，劉妍想把這些情況反映給上司，也勸他在管理方式上稍微柔和一點。又怕他自己身為行政助理不夠分量，被誤會成愛傳閒話的小人。

隨著同事們的非議越來越多，劉妍拋開了所有的顧慮，預約一個下午工作的空隙，跟上司談了自己的看法。一邊喝咖啡一邊閱讀報告的上司先是心不在焉，接著就皺起了眉頭……最後說：「好了，你可以出去了，我也給你個忠告：辦公室不是散布流言蜚語的地方。」

很顯然，劉妍的進言非但沒有受到上司的肯定，反而引起了上司對自己的不滿。因此，向上司進言，要三思而後行為好。多思考，多揣摩上司的心

意，迎合他，盡可能的給上司保留面子。採用一定的方式方法進言，就會獲得良好的效果。

某國企老闆一向聽不得不同的意見和聲音，好多事情都一個人說了算。他這種獨斷專行的作風使企業在一些關鍵決策中出現了失誤，使企業蒙受了損失和重創。一度提出正確建議的朱副廠長也被他一怒之下「發配」到一個不重要的職位上，但有個人例外，他就是辦公室主任曹軍。在閒暇時間，常常見到曹主任與老闆天南海北的「神聊」，在「不經意」間「順便」夾帶幾句對當前經營問題的看法，過不了多久，老闆就會在廠部會議上宣布一項重大計畫。大家紛紛讚揚老闆的深謀遠慮，其實只有老闆和曹主任心裡最清楚，誰是真正的提議人，誰是真正的思想來源。這位聰明的辦公室主任就是採取這一巧妙的進諫策略，潛移默化的對上司施加影響。

其實，高明的進諫方式就是不公開表示某項計畫是自己的點子，而是歸功於上司。因為上司們都希望下級尊重自己，把自己看成是上司，尊重自己的權威性。如果下屬考慮到他的這一心理需求，以討教的姿態來提意見，這樣會讓上司感到被尊重，從而減少摩擦和敵意，建立彼此的信任。

總之，上司不是上帝，也有犯錯和決策失誤的時候，此時作為下屬能給予建議和提示，對上司有好處，但如何把你的建議和提議說出來必須講究方式方法。否則僅僅因為說話的方式和技巧問題而得罪上司，甚至搞得不歡而散，就弄巧成拙了。以下幾種方法，在「進言」時可以助你達到想要的結果。

1. **說出上司最想聽的話**：上司很容易造成曲高和寡的感覺，很多下級不是不想拍上司的馬屁，而是找不到上司最想聽的話，因此，下級很難成為上司的知己和心腹。只有成為上司的知己後，你想說服上司做任何改變都是非常容易的。

2. **把你的意見變成上司的意見**：會溝通的人總是站在對方的立場上講話，不會溝通的人總是在聲明自己的立場。

3. **一針見血，分清利弊**：你要知道，上司最在意的是結果，如果溝通某些問題不需要講大道理，你可以直接把利害關係告訴上司，讓上司定奪。

4. **別賣弄自己的智慧**：在職場中，跟上司溝通時，即使你是對的，也千萬不要指責和蔑視，因為這樣非但解決不了任何問題，還會鬧僵關係。所以，任何時間都不要爭論，完美、有效的溝通不是辯論，因為辯論並不能讓人改變想法，還會使他更加堅定的認為自己是正確的。

5. **以德服人**：公司最需要、最看重的是有德行的員工，因為他們是企業真正的財富。有德行的不僅表現在忠誠度上，更表現在能夠和企業同呼吸共命運上，他們會設身處地設身處地的為企業著想。

6. **換位思考**：換位思考好說不好做。很多人一當上上司就不認識自己了，都希望手下的人聽自己的，都認為自己是對的，別人都是錯的。換位思考是高級的溝通智慧，但是一定要運用巧妙。一般情況是，越成功的人越懂得換位思考。所以，當你在說服上級時，不妨把自己假定為上級，想一想，如果你的下屬這樣對你講話，你會有什麼感受？假設你是上司，你的下屬指著鼻子跟你吵，你會容得下他嗎？所以，你要學會換位思考，這樣才能贏得上司的依賴。

誰說上司的要求不能拒絕

成功學家說：「如果你是忠誠的，那麼你就是成功的。」是的，對於一名員工來說，對企業的忠誠，就是你走向成功的通行證。但這並不意味著我們

就要毫無原則的盲從。假如你的上級提出了過度的要求，你還盲目的忠誠於他，你就是愚昧的人。

因此，上司委託你做某事時，你要先想一想自己是否能勝任這件事，是否不違背自己的良心，然後再決定。

如果只是為了一時的情面，即使是無法做到的事也接受下來，那麼，此後你的處境就會很難；如果自覺實在做不到，你就應明確的表明態度，這才是真正有勇氣的人，否則，你就會誤事。

如果上司的話有違道理，你可以斷然駁斥，這才是保護自己之道。假使上司欲強迫你接受無理的難題，那麼這種上司是不可靠的，你更不能接受。

儘管員工隸屬於上司，但員工也有獨立的人格，不能什麼事都不分善惡是非而服從。部下並不是奴隸。倘若你的上司以往曾幫過你很多忙，而今他要委託你做無理或不恰當的事，你更應該毅然的拒絕，這對上司來說是好的，對自己也是負責的。

此外，限於能力，無論如何努力都做不到的事，也應拒絕。但是這有一個前提，即是否真的做不到，應該確定的衡量一下，切不可因懷有恐懼心而不敢接受。經過多方考慮，提出各種方案後，是否再加上勇氣來突破它，都需要考慮清楚。當然如果在考慮後，認定實在無法做到，方可拒絕。

有一個公司的上司每次約見重要客戶都要帶著李靜，李靜已經成了公司裡有名的「交際花」，因為她是最漂亮的單身女孩。這種應酬最直接的「後果」是，李靜經常被一些真心或假意的男人「騷擾」。而且上司還發話：「這是重要客戶，不要得罪他們。」很多時候，李靜都忍著，不知道該如何拒絕上司，該如何拒絕客戶。

　　一次，李靜在工作中認識了一位三十多歲的客戶，客戶似乎看李靜很順眼，頻頻向李靜發出私約邀請。出於不得罪的規矩，李靜隨叫必到。漸漸的，客戶的愛情攻勢更加猛烈，但李靜知道客戶是已有家室的人，可是自己在工作上還有求於人，李靜不禁進退兩難。

　　有一天，客戶讓李靜表態，李靜告訴他已經有男朋友了，但是客戶仍舊沒有放過李靜的意思。李靜想來想去，決定和上司好好談談。「最近公司裡對我的蜚言蜚語想必你也聽說了吧，雖然我很想把這份工作做好，但是我更在意同事們對我的看法。所以以後若是工作需要我出席某些場合，我可以去，但是我希望不會有騷擾類的現象。或者你給我調配一項其他的工作也行。」

　　公司裡對李靜的流言上司也聽到了不少，自知理虧的上司，看了看李靜，微笑著說：「對不起，以後不會再有類似的事情發生了。」

　　如果上司的要求是無理的，我們都應拒絕，但人都是好「面子」的，如果你的拒絕使上司覺得「面子」受損，那麼你的拒絕很有可能會引起上司的不快，而你的職場之路也將變得更為坎坷。因此，拒絕上司要講究方式方法，不然引起上司的不快，那麼你也就失去了他的厚愛。可以說拒絕上司的方式有許多，但是如何拒絕才能讓上司明白你的意思，又不傷和氣呢？

1. **明確的擺出你的態度**：為達到拒絕的目的，最重要的一點是，事先就要明確自己的態度，不要隨便改變自己的初衷

2. **把你不這麼做的原因說出來**：主動向老闆說明原因，提供情報，並和老闆解釋不能夠做的理由，當然你要站在老闆的立場，而不僅僅是為了自己。

3. **表現出你對上司的尊重**：在你拒絕的時候，要充分的表現出你對他的尊重，這樣才能打動上司。

4. **拒絕之前先給上司一頂高帽**：可以先讚揚上司是如何的通情達理、善解人意，然後才把拒絕說出口。這樣上司心裡舒服，又不會駁回你的拒絕。

總之，在職場中，很多人都會遭遇上司提出的無理要求。如果選擇默默接受，勉強做事，最後弄得心力交瘁。但若能採用一定的方式方法巧妙的拒絕上司的無理要求，不僅有利於工作的順利開展，也會讓別人覺得你是一個有主見和原則的人，而更加的賞識你。

適時誇獎下屬，讓人心向你靠攏

讚美是溫暖靈魂的力量，任何人都需要讚美。讚美就像陽光一樣，沒有它的照射，我們就無法成長。莎士比亞說：「我們所得到的讚美，就是我們的薪水。」

一份調查結果表明，89% 的人很在意上司對自己的評價，當被問及為什麼會工作時，92% 的人選擇了個人發展的需要。我們知道人的發展需要是全面的，不僅包括物質利益方面，還包括名譽、地位等精神方面，因為人們工作是為了更好的生存和發展，這就有了金錢和職位等方面的願望，但除此之外，人們更中追求個人榮譽。

在很多公司，職員或職工的薪資和收入都是相對穩定的，人們不必要在這方面花費很多心思。但人們很在乎自己在上司心目中的形象問題，對上司對自己的看法和一言一行都非常敏感。而上司的表揚往往具有權威性，是確

立自己在本部門或本公司同事中的價值和位置的依據。

如果一個下屬很認真的完成了一項任務或做出了一些成績，雖然此時他表面上裝得毫不在意，但心裡卻默默的期待著上司來一番稱心如意的嘉獎，而上司一旦沒有關心，或者不給予公正的讚揚，他必定會產生一種挫敗感，對上司也產生看法，「反正上司也看不見，做好做壞一個樣」這樣的上司怎麼能調動起員工的積極性呢？

可見，上司的讚揚是下屬工作的精神動力，而研究也表明，員工認為對他們個人工作的認同，比金錢獎勵有更大的推動力。

可以說，很少有管理理念能像積極誇獎那樣有效。正所謂「重賞之下，必有勇夫」，在絕大多數領導人是無權解決下屬加薪、晉升問題的，並非在激勵下屬上就無事可做，其實充分調動員工的積極性，並不一定需要付出很多錢。而很多員工也表示，讓工作變得有吸引力的也並不是職位和錢，而是上級對他們的讚賞和認可。

一位成功的管理者總結出以下幾個不花錢卻能使員工備受激勵的方法。

1. **口頭表揚作用重大**：視利益高於一切的人，口頭表揚可能是「只聽樓梯響，沒見人上來」，但對於追求上進的員工來說，它卻意味著鼓勵。口頭表揚被認為是當今企業中最有效的激勵辦法。

2. **不舉行無意義的評選活動**：如果評選權在管理者手中，員工們不明真相，會認為那是「政治」活動，不會對此產生興趣。若以工作成績為基礎，突出者總只有那幾個；若輪流獲獎，那種機會是平等的，更不會激起大家的積極性。但是若能給員工一些額外獎勵，效果就大不一樣了。比如一位客戶存了一大堆促銷用的帽子，你可以給參與項目的員工每人發一

頂，這將會使員工覺得他的工作有附加價值。當別人問他：「嘿，你在某某公司的工作如何？」他會說：「薪資不怎麼樣，但有時會發些額外的東西。」

3. **無庸置疑的態度**：被激勵的員工是那些思想不一的人，儘管他們的想法並不一定切實可行，但作為管理者，你應該鼓勵百家爭鳴、百花齊放，讓他們說話。只有這樣，企業才可生機勃勃。如果你對員工持肯定和引導的態度，員工們就會主動替公司分憂解難。

4. **舉手投足間的語言**：皺眉、瞪眼、指手劃腳，這些小小的動作都會被看做是上司的權力和控制欲，而不是員工們值得信賴的上司所做出的動作，哪怕是無意的，其結果無疑會引起敵對情緒，合作便舉步維艱。

5. **給予下屬放手做的空間**：一位老闆對低層員工說：「這些都必須在下午之前裝進盒子，打上標籤，裝進貨箱後運到車庫，等你做完了，還有些別的事需要你幫忙。然後就離開了。」這位員工說：「這讓我感覺自己是程序中重要的一環，既然上司相信我能做好，我就要證明自己能做好，不讓他失望。」

6. **別老是一本正經**：上司對員工們偶爾的小小違規行為若能持微笑、緘默的態度，也能締造公司內部健康、和諧的氣氛，使員工們感覺管理者帶有人情味而安居樂業。

與同事和諧共處

辦公室中，同事之間存在著合作與競爭的矛盾，在對立和統一中彼此之間的關係變得十分微妙而複雜。同事之間在利益上競爭，在工作中合作，既

不能相互冒犯，相互干預；也不能相互漠視，相互拆台；或者只顧自己，不顧他人。同事之間各有各的工作，既相互獨立，又相互依賴，沒有人能獨自成功。但在利益競爭上又表現得非常激烈，互相猜忌、嫉妒、排擠，甚至讒傷的現象司空見慣，只要你學會在競爭中合作，對同事多理解慎支援，才能攜手與同事共創「雙贏」的局面。

只要你多和同事溝通，會和同事溝通，那麼很多問題將不復存在。那麼該如何與同事溝通相處呢？以下幾種方法可供借鑒：

1. 坦誠相對，相互尊重

如果雖有溝通，但不是敞開心扉，而是藏著掖著，那還是達不到溝通的效果。

李明和梅子在辦公室裡是很好的搭檔。李明觀念前衛、思想敏銳，梅子思維嚴謹、觀點縝密，兩個人工作互補性很強。但是有一陣子，他們兩人突然變得沉默了，上班也不在一起研究問題，有時候見了面也好像不認識一般。這一現象被部門經理發覺了，把他們倆找到一起盤問，兩個人都說沒有發生什麼。

後來細心的部門經理發現李明疑心梅子在同事面前說過自己那些不光彩的事，所以不願搭理梅子，而被誤會的梅子卻以為李明把自己當成了競爭對手。於是，經理分別找他們再次談心，化解他們之間的矛盾根源，解釋了其中的誤會。經過經理的開導，他們也進行了一次肺腑之言的溝通，他們都覺得自己誤會了對方，並自我反省。最終，兩個人消除了隔閡，依然是工作中的好搭檔，攜手並進，共同發展。可見，同事之間有什麼事還是坦誠相對較好，互相猜疑只會讓問題變得更為嚴重。工作也是不可以帶著私人情緒的，

因為夾雜私人情緒就會在工作中互不支援，從而導致兩敗俱傷，影響自己在公司的前途。

2. 少說話多傾聽

傾聽可以使同事感到被尊重和欣賞，傾聽也可以真實的了解同事，還可以減除同事的壓力，幫助同事清理情緒。傾聽還是解決同事間衝突、矛盾，處理抱怨的最好辦法之一。少說多聽，還可以得到很多資訊，並有利於保護自己的商業祕密。

3. 視同事為隊友，而非對手

同事之間是一種既合作又競爭的關係，因此，千萬不能把同事當「冤家」看待。對於在辦公室裡跟自己有競爭關係的人，不妨試著去讚美他，或請他幫一個小忙，往往可以神奇的化解彼此間的敵意。在職場上，減少一個敵人的價值勝過增加一個朋友。器量狹小、排擠同事的人，一定也會遭到其他人的排擠；把同事當做阻擋前途的障礙的人，一定難以在辦公室裡立足。

4. 求同存異，理解和欣賞同事

同事之間由於經歷、立場、看問題的角度方法等方面的差異，對同一個問題，往往會產生不同的看法，引起一些爭論，一不小心就容易傷和氣。因此，與同事有意見分歧時，涉及原則問題時要堅持，必要的爭論是不可避免的，不能隨波逐流或是刻意掩蓋矛盾；另外不要過度爭論，別人接受一個觀點也需要一個過程，況且還有愛面子的心理，所以過度爭論只會激怒對方，影響團結。

因此，產生分歧時，要努力尋找共同點，爭取求大同存小異。實在不能一致時，不妨冷處理，表明「我不能接受你們的觀點，我保留我的意見」，讓爭論淡化，又不失自己的立場。

我們要學會寬容和理解，多發現同事的優點和長處，並把握時機表揚別人，你的讚揚會讓他得到心理滿足，你們的關係也會更進一步加強。

5. 不揭對方的短

每個同事都有自己感興趣的話題，聊天要因人而異，多說些讚揚的話，這樣關係會比較融洽。誰都愛聽好聽的話，這是人的本性。記住，千萬不要在同事面前說其他同事的壞話，這會損害你在同事心中的印象。而且，流言會如同長了翅膀一樣迅速傳播開，勢必會影響你和對方的關係，無異於給自己找麻煩。

尤其是在與其他部門人員接觸時，很容易對平時不和的同事品頭論足、挑毛病，甚至惡意攻擊，影響同事的外在形象，長久下去，對自身形象也不利。同事之間由於工作關係而走在一起，就要有團體意識，彼此團結，多補台少拆台，不要為自身小利而損害團體大利，這樣才能發揮出團隊的力量。

6. 抽時間加深同事間的感情

平時要多培養自己多方面的興趣，這樣就可以創造與同事多交流相處的機會。比如：你可以參加體育活動，然後約同事下班後一起去；如果同事喜歡逛街，你也可以在週末找個時候陪她一起去。在這些休閒的活動中可以互相交流資訊、切磋自己某些愛好的體會，借助這樣的機會來融洽人際關係可以事半功倍。

7. 換位思考，多理解同事

跟同事之間，由於個人性格、工作性質、工作側重點的不同，最容易形成利益衝突，如果對一些小事不能正確對待，就容易形成溝壑。在這種時候，盡可能把問題變得簡單一些。特別是利益上有衝突的雙方在溝通的時候，一般都會搶著表達自己的意思，卻忽略對方的意思。那麼，當你過多考慮自己的利益，對方卻沒有什麼感覺的時候，溝通就無法進行。所以，既然利益是雙方共同的關心點，那麼，在溝通的時候，一定要考慮到對方的利益所在，這樣才能讓溝通變得順暢。

8. 對自己的過錯要主動道歉說明

與同事發生矛盾時，要主動忍讓，從自身找原因，多站在對方的角度想一想，避免情勢惡化。如果已經形成矛盾，自己又的確不對，要放下面子，主動向對方道歉，徵得對方的諒解，以誠心感人。雙方的誤會應主動向對方說明，不可小肚雞腸，耿耿於懷。退一步海闊天空，如有一方主動打破僵局，就會發現彼此之間並沒有什麼大不了的隔閡，而且你的做法，還會引起他人對你的尊重和佩服。

掌握好與下屬的距離

俗話說：有距離才有美。適度的距離對你是有好處的。即使你再「民主」，再「平易近人」，也需要一定的威嚴。當眾與下屬稱兄道弟只能降低你的威信，使人覺得你與他的關係已不再是上下級的關係，而是哥們兒了。於是其他下屬也開始對你的命令不當一回事。隱私對於每一個人來說都是必要

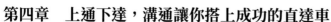

的和重要的。讓你的下屬過多了解你的隱私對你來說只能是一種潛在的危險。你敢肯定他哪天不會把你的祕密公之於眾嗎？你能確定他不會利用你的弱點來打倒你嗎？但是，如果你與下屬過於疏遠中，又會受到脫離、疏遠員工的指責。

不論怎樣，作為一名上司，不應與下屬靠得太近，否則不僅你的威信會大打折扣，還有可能會給下屬造成這樣一種誤解。就是當仍然做出一個困難的決定時，他們以為你會站在他們一邊，如果你的決定與他們的期望相反，他們會以為你背叛了朋友。因此，你不應該與你的下屬以及上司保持一種過於親密的關係。

董先生被調到某公司擔任主管，由於其性格比較外向，又樂於結朋交友，很快便與辦公室裡的眾人打成了一片。平常休息時間，他也會跟大家坐在一起聊聊天，開開玩笑，週末休息還會約上同事們一起去郊外玩。董先生本以為自己與下屬之間的這種親密關係有利於工作的開展。卻不想一次在處理上層上司所交付的任務時，引起了同事們的不滿。最終工作沒有處理好，不僅上司怪他做事不利，同事們也對他「兩面派」的行為懷恨在心。這使得董先生在辦公室裡的處境變得很是尷尬。

因此，與同事要保持適當的距離。當然，在下屬需要你時，你也應該讓下屬可以隨時找到，這並不意味著你要露面，這僅意味著在下屬需要時你可以出現或聯繫上。這種需要無法預知，只是在溝通基礎上產生的一種直覺。你要將下屬放在首位，讓他們可以隨時打電話給你，出現問題時可以找你。

主管和一般員工等級還是有區別的，扮演的角度更是截然不同。而在一個工作群體中你由一般員工提升為主管，你就得管理過去的同事。這種處境確實令人尷尬，你會覺得壓力不小。而你若能處理好這種新境況帶來的微妙

關係，那麼你以後的工作將會更加順利，否則就會處處受阻，工作難以開展呢。那麼如何做才是比較理想的做法呢？以下幾點可做借鑒：

1. 召集所有的下屬開一次會，用誠懇的語言表明你作為一名主管所堅持的立場。在某些方面可能會做出令他們不樂意接受的規定和要求，也許你並不贊同，但你不得不去做，要讓下屬們認識到你們之間的新關係。

2. 積極努力的表現自己，向下屬們證明自己是有能力有熱情的，當你犯錯誤時也不要遮遮掩掩，不懂裝懂，而是坦率承認，知錯就改。

3. 不要再介入是非長短的閒聊，因為你現在的任務是支援團隊中的每一個成員。

4. 不要把自己的主管角色扮演得過火，與過去的同事做出沒有必要的疏遠。一口官腔，一副高人一等的姿態只會使你與下屬之間產生不和，不利於工作的開展。

　　總之，如果你是一名主管，不論你是新上任的，還是早已做了多年的，你都應該擺明自己與下屬的位置。與下屬打成一片和作為下屬的一員，兩者之間具有鮮明的界限。模糊自己與下屬的角色總歸是不恰當的，也是在溝通中最應該避免的。

職場需要閒聊，但絕不可無聊

　　《現代漢語詞典》裡對聊天的解釋是：談天。「談」，指聊天的形式，即用嘴巴說；「天」，指聊天的內容，即天南地北，海闊天空，話題不限，任意神聊。

　　其實聊天並不是現代人的發明，古來有之。在春秋戰國時期，社會上就

出現了一批雲遊四方、巧舌如簧的「說客」。他們受各交戰國的聘請，作為外交使節到各國去遊說，或勸對方接受議和條件，或勸對方締結同盟條約，及時化解各種危機，力保各國城門不失。這些職業雄辯家制勝的唯一法寶，就是高超的談話藝術和聊天能力。他們充分運用談話的各種技巧，或開門見山，直陳主題；或迂迴包抄，層層遞進；或反覆勸說，痛陳利害；或隱喻譬喻，指點迷津。他們的這種雄辯才能，只要翻開《淮南子》、《戰國策》等古書，就可以充分領略到。他們這些才能的取得，完全得益於當時社會上自由而詼諧的談話和聊天環境。

或許在許多人看來，與其跟同事們閒聊還不如多做點工作提高業績。也有一些人認為，避開閒聊則讓自己置身於流言蜚語之外。卻不知在避開閒聊的同事，也避開了與同事處好關係，獲取職場資訊的機會。

美國一所大學經過研究後發現，一個人工作不能取得進展，80% 不是因為缺乏技術能力或商務知識，而是因為缺乏交際的技巧。而閒聊卻是增進人際社交的重要方式之一。

可以說，職場上的閒聊不僅僅是放鬆心情，融洽和朋友的感情這一點，反而多了一些實際意義。職場人可以在與同事和上司的閒聊中了解他們，和他們做好關係，獲取一些有用的資訊，這些都能讓你的職場之路走得更為順暢。所以，作為職場人應該抓住每一個和上司閒聊的機會，給自己的成功增添籌碼。

當然了，這裡的閒聊並不是隨心所欲的發表言論，而要把握好分寸。其中最怕的是口無遮攔，甚至變本加厲，將自己變成「新聞聯播」採編人員兼播音員，有事沒事就豎起耳朵，四處打聽，然後把聽到的添油加醋轉播出去。這種做法很危險！你要知道，紙是包不住火的！任何無厘頭的花邊新

聞，遲早都會傳到當事人的耳中，而受害者對傳播「八卦新聞」的罪魁禍首的怨恨，遲早會發洩出來。因此，在閒聊時應注意以下規則：

1. **閒聊的話題應該是輕鬆愉快的，語氣也應該是溫和的**：不過你也不能因為放鬆而讓自己忘記了彼此的身分，像和朋友聊天那樣無所顧忌的開玩笑是不行的。因為他們雖然在與你閒聊的時候也表現的很隨和，但在她們心裡始終是有些顧及的。尤其是與上司閒聊時，更應認清身分上的差異，否則會讓他們覺得很不舒服，當然了上司不舒服，痛苦的自然是你了。

2. **職場中沒有那麼多的偶然現象，包括上司和你閒聊，都可能是他們事先安排的**：閒聊能增加上司與下屬之間的了解，也能增進彼此的感情。如果你心不在焉的嘻嘻哈哈，上司就會有些受辱的感覺，也會覺得與你這種人閒聊很累。

3. **適時的迎合上司**：如果上司的話題引到了一個你熟悉的領域，切不可不懂裝懂，你可以和上司說：「對於這方面我不是很了解，你給我說說。」然後做一個合格的傾聽者。

4. **最好是聊一些能達到一致的話題**：比如你們都喜歡美容，又同時都是美容院的常客，那麼你可以把話題引到這裡來。或者你們都喜歡美甲，同樣也可以以這個為話題。兩個人在某點事情上達成共識，會極大的推動你們的關係。而那些容易產生分歧的話題，則要盡量避免。

5. **兩個人在一起聊天，最重要的內容就是以前發生過的往事**：當你的上司正在和你講當年的他是如何厲害的時候，你千萬要適時的讚嘆幾句，這樣才能給他繼續講下去的動力。如果他在講自己的得意之事，而你卻毫無反應，肯定會讓他十分不高興。

6. **閒聊不是彙報工作，所以有什麼好笑的事情你就儘管笑出來吧**：沒人喜歡兩個人繃著臉聊天，包括你的上司。

7. **不要嚼舌根**：或許在許多人看來和上司閒聊是打擊競爭者最好的時機，這樣的想法大錯特錯。你在兩個人閒聊的時候打擊競爭者，馬上會引起上司的警覺，整個氣氛都會因此遭到破壞。

8. **不妨學學上司的小動作**：如果你的上司喜歡蹺二郎腿，你也學著蹺蹺。他喜歡考慮問題的時候摸耳朵，你也學著摸摸耳朵。不要以為這是小孩子在遊戲，其實這是一種在談判中經常用到的策略，你可以把這種策略用在和上司閒聊當中，這樣會增加他潛意識裡對你的認同感。

第五章　談判溝通，贏得你想要的一切

　　成功的談判是談判者出色運用語言藝術的結果。談判桌前最見英雄本色。談判是一塊需要用知識和勤奮來經營的土地，其目的在於運用敏捷的思維和高超的說話技巧，從那些你所需要的人之中得到幫助，竭其所能的去獲取他人的好感，並從他人手中得到我們所要的東西。懂得了談判的藝術，那麼談判桌上你就是贏家。

提高談判的語言力量

在談判中，談判者要把自己的思想透過語言，準確的傳達給對方，使對方在心靈深處引起良好的反應，這不僅需要高超的駕馭語言的能力，很好的心理素養，而且還需要縝密的邏輯思維能力。可以說，談判是思想、語言、自身修養等方面的有機統一，確切的說，談判是一種面對對方的思維活動，是使用思想感情進行創作的過程。

有一個被單獨監禁的犯人，為了避免他的自殘行為，監獄暫時沒收了他的鞋帶和腰帶。充滿自卑的犯人在牢房裡無助的走來走去，由於沒有腰帶，再加上體重減輕了很多，他只有用左手拉著褲腰。突然間，他聞到了一股再熟悉不過的香菸味 —— 萬寶路，他最喜愛的牌子。

犯人透過門上的小孔，看到守衛正在走廊裡愜意的抽著香菸。這一幕強烈的刺激著他的每一根神經。為了要根香菸，他急迫的敲著房門。守衛慢慢的踱步過來問：「你要做什麼？」

犯人回答：「求求你，我想要支香菸，就是你抽的這種萬寶路。」

守衛錯誤的認為不滿足這個犯人不會導致任何不利的後果，因為他已經身陷牢獄，於是守衛並沒有理會犯人的要求，立刻轉身離去。

但是犯人並不這麼想。他知道他的選擇，他願意冒險去達到目的。於是他用右手重重的敲打著房門，當然這有些冒險。

守衛一邊吞雲吐霧，一邊轉頭問道：「你又想要什麼？」

犯人回答道：「謝謝你，請你在 30 秒內給我一支菸。如果超過這時間，我立刻就以頭撞牆。監獄警官把我從血泊中救醒後，我肯定會說是你做的。

也許他們不會相信我，但是你也得想想你的遭遇，你會被一次又一次的問話，需要寫一篇又一篇的報告來澄清你與此事無關。或許你不在意這些，但是如果你給我一支萬寶路香菸，這些無謂的煩惱都會在我點燃香菸之後煙消雲散，並且，我答應你絕不再添任何麻煩。」

最終的結果是守衛不僅給他遞去了香菸，還幫他點菸。

在這場關於「香菸的談判」中，犯人透過對事情利弊的分析，最終贏得了自己想要的香菸。其實，不論在什麼樣的情況，就像守衛處於完全合法的地位，與左手拉著褲腰的階下囚對峙著，在身分差別如此懸殊的情況下，犯人透過運用某種力量使自己的需求得到了滿足。他不是想要一支萬寶路香菸嘛，最終他確實得到了。

以理論上說，你完全可以獲得任何想要的東西，但這必須基於以下條件：

1. 談判中的語言藝術

在談判中，語言表達能力至關重要，透過敘事清晰、論據充分的語言表達，往往能有力的說服對方，達成相互之間的諒解，發現雙方的共同目標和利益，取得談判的成功。英國外交家薩道義說：「談判技巧的最大祕訣之一，就是善於將自己要說服對方的觀點一滴的一點一滴的滲進對方的頭腦中去。」也就是說，從不同的角度，運用有說服力的語言，向對方說明自己的觀點和意見，闡明雙方的利益，使對方明白這些觀點和建議對雙方都是有益的。

2. 談判中的邏輯藝術

正確認識邏輯在談判中的作用，並巧妙運用好邏輯這個思維工具是很重要的。談判者的實際力量包括物質力量和精神力量兩個方面。物質力量是客

觀的，而精神力量雖帶有主觀的成分，但在談判中往往具有決定性的作用。因為它是談判者的自覺能動性的反映。很多談判高手之所以能成功，其重要的原因便是他們將談判中的邏輯因素和談判的資訊內容、時機等，巧妙的融為一體，充分發揮了人的主觀能動作用，使抽象的真理在對方面前呈現出「立體」的形象，從而具有很強的說服力和吸引力。

　　假如你到一個不二價的商店去買一件高級時裝，對售貨員說，要他將標價降為九五折出售，這顯然是辦不到的。可是換一個地點你的建議就不一定行不通。如果你到一家缺乏現金的個體商店，店長就會十分樂意薄利多銷，回收現金去周轉。所以，如果你善於運用邏輯方法去觀察，去調查研究，去合理的判斷、推理，就可能預測出談判中可能發生的具體情況。

　　要想使該談判成功，你必須了解對方的需要，然後幫助他達到目的。如果某人在一次談判中說：「這是我的最低價了。」你不要以為這是真話，而是要推測這是表面的最低價，還是真實的最低價？因為這可能是對方的一種策略。這時你必須運用各種邏輯藝術手段，進行探測、分析後做出決策。

　　談判中的言語不但是思想的媒介物，而且是思維的一種有效的工具。語言與思維緊密聯繫在一起。談判中的語詞、詞句、句群與概念、判斷、推理相對應，談判要求用詞準確，邏輯要求概念明確，兩者互為表裡。談判要求句子通暢、完整、正確，實際就是對邏輯的判斷恰當。談判要求正確組織複句和句群，也就是要求合乎邏輯的推理。概念明確，判斷恰當，推理合乎邏輯，是談判語言正確表達的基礎。具有說服力的成功的談判，總是包含著無懈可擊的邏輯性。

3. 談判者的心理素養

在談判中，談判者的心理素養是否堅定，對談判的成功與否起著重要的作用，而忍耐是對談判者心理素養的最基本要求。比如對方提出出乎意料的苛刻條件；對方的態度極不友好；對方為壓倒他人而不擇手段。在這些情況下，是考驗一個談判者忍耐力的時候。如若不忍，立即就會使談判呈現出緊張狀態，甚至使談判中斷。所以，為了談判的成功，必須先學會忍耐。

適可而止是一種忍耐。在談判中，對於談判者來說，最重要的是要懂得在什麼時候去取得某種利益，同時要懂得在什麼時候放棄某種利益。

設身處地設身處地的為對方考慮，是學習忍耐的一種方法。談判中，雙方毫無疑問的要先考慮自己的利益，都想在利益上占據優勢。為此，雙方可能爭持不下，問題卻得不到恰當的解決。但是，如果能設身處地設身處地的為對方想一想，矛盾也許就能有所緩和，使談判出現轉機。

放棄正面作戰，迂迴前進攻其心

在商務談判過程中，什麼情況都可能出現。有時，對方聽不進去正面道理，正面出擊已經受挫的情況下，不要強行或硬逼著他進行辯論，而應該採取迂迴前進的方式。這就如同在戰場上一樣，有時對方戒備森嚴，設防嚴密，正面已經很難突破，這時最好的進攻策略就是放棄正面作戰，設法找到對方的弱點，迂迴前進，一舉成功。

迂迴戰術是高明的談判者在談判遇到難題時經常運用的手段、迂迴戰術，好似離題，實為切題，正所謂萬變不離其宗。它達到了似明非明、委婉的妙用。能彈出主旨的弦外之音，道出不便於直接表露的言外之意。在運用

迂迴技巧時，許多詞語，一語雙關，蘊含著豐富的潛台詞。

　　正確的運用迂迴戰術，要善於觀察談判對象的每一個細微動作，仔細傾聽對方的發言，以便準確把握對方的行為和想法。

1. **在對手講話時，一定要專心致志，靜心傾聽**：在商務談判中，準確、及時的接受資訊，了解、掌握對方目的的主要手段就是聽，只有透過聽，我們才能更清楚的了解對方觀點和立場的真實含義，從而採取適當的對策。另外，當我們專心致志的傾聽對方講話的時候，要表示對講話者的觀點很重視或是很感興趣，從而給對方一種心理上的滿足感，為進一步進行思想交流創造良好條件。所以，從某種意義上說，當你安靜的傾聽對方發言的時候，你就已經開始向勝利邁進了。

2. **細心觀察，尋找破綻**：談判不僅是語言的交流，同時也是行為的交流。在商務談判中，談判者總是運用一系列的動作來配合自己的談話。因此，我們不僅要聽其言，還要觀其行，透過觀察對方的言談舉止，捕捉其內心活動的蛛絲馬跡，也可以從對方的姿態神情中探究其心理因素。運用看的技巧，不僅可以判斷對方的思想變化，決定己方對策，同時還可以有目的地運用語言傳達資訊，使談判向有利於自己的方向發展。

　　當我們透過以上方法掌握了有利於自己所需的資訊後，就要看準時機，用最恰當的方式表情達意，靈動的組織、安排語言進行迂迴談判，而這也是談判能否成功的關鍵。為此，我們介紹幾種常用的方式：

1. **乘虛而入式**：在雙方為價格條件而激烈交鋒的過程中，利用對方急於進攻的心理，誘使對方透露出更多的資訊，從中找出破綻，乘對方專心進攻，疏於防守之際，攻擊其漏洞，變對方不利為我方利益，從而在談判中處於有利地位。

2. **聲東擊西式**：在談判過程，雙方出現僵局，無法取得進展時，巧妙的變換議題，轉移對方視線，從而實現自己的目標。這種方法的特點是富於變化，靈活機動，既不正面進攻，又不放棄目標，而是在對方不知不覺中迂迴前進，從而達到自己的目的。

在對待對方的高壓策略時，聲東擊西是一個有效的反擊手段，但由於這一策略較常見，易被人識破，所以在應用這一策略同對方討價還價時，一定要注意運用得體，巧妙周到，不要讓對方看出破綻。

3. **旁敲側擊式**：旁敲側擊式是指在談判很難取得進展時，除在談判條件上同對方較量外，還可用間接的方法和對方互通資訊，與對方進行情感與心理的交流，增加信任，使分歧得到盡快解決。

一般說來，在商務談判中，談判者都面臨著雙重壓力。一方面必須擺出一副強硬的姿態向對方示威，另一方面又必須在雙方都認為合理的條件下同對方達成一致。在正式的談判場合，雙方都高度緊張，不斷的試探、進攻、防守，用盡各種手段了解對方的底細，壓制對方，爭取局勢向有利於自己的方面發展。但是，在談判桌外雙方自由交談，共同參加宴會等非正式交往中，卻能把資訊在輕鬆的氣氛中傳達給對方，同時也能在對方放鬆的情況下了解其真實意圖。

在非正式的交談中，雙方可以無拘無束的談各種大家都認為是感興趣的話題，談家庭、談社會、談人生，以引起共鳴，增進彼此的感情。此時，如果趁機提出一些有關談判的話題，對方倘若接受，則能加快談判的進程；如果不能接受，也不會有失去面子的憂慮，更不會引起談判的破裂。

可以說，旁敲側擊在談判中能達到迂迴婉轉、步步遞進的作用。旁敲側擊的具體做法很多，但最關鍵的一點是要製造良好的氣氛，使雙方感到自

在、輕鬆、溫暖、親切，在這樣一種令人滿意的氣氛中提出一些條件和要求，加快問題的解決。

巧妙提問，洞察先機

提問是談判的重要手段，邊聽邊問可以引起對方的注意，引導他的思考方向；可以獲得自己不知道的資訊，盡量讓對方提供自己未掌握的資料；可以傳達自己的感受，引起對方的思考；可以控制談判的方向，使話題趨向結論。

提問是談判中經常運用的語言表達方法，恰當的提問往往能引導談判者尋找很多機會，並打破僵局，使談判走向成功。愚蠢的提問有時會誤導對手，不利於談判的正常進行。可以說，提問在談判中起著非常重要的作用。

1. 透過提問可以獲取更多資訊

談判中，雙方需要了解對方的實力、要求，掌握各種有關的資訊和背景資料。當談判者對對方的情況不完全了解和對自己掌握的情況要求證即時，可以直接採用提問的方式，獲取自己想要得到的資訊。

2. 透過提問可以增進溝通，活躍氣氛

談判是一場雙方溝通的過程，為了避免溝通時出現障礙，保證順暢、融洽，不妨在談判中運用提問，即採用帶有徵求詢問性質的提問來表達自己的要求，因為問話包含著徵詢差距的性質，是表示尊重對方的意思，最能博得對方的好感。同時提問可以促使雙方彼此充分理解，搞清分歧的關鍵並使之

不再進一步擴大，進而找出繞過分歧繼續談判的辦法來。

3. 透過提問能引導談話的方向，控制談判的進程

提問在對話中處於地位主動地位，它是引起話題的動因，它能夠決定和引導著談話的方向，控制著談判的進程。談判中可以透過巧問引出話題，或轉移話題，使談判向著有利於自己的方向發展。當談判氣氛漸趨緊張、大腦有運轉不過來的感覺時，提問可以放慢談判速度，給你以喘息的機會，讓你重新組織思路，發動新的攻勢。

4. 透過提問可以傳達消息，說明感受

有許多問題表面上看起來似乎是為了取得自己希望的消息或答案，事實上也把自己的感受或已知的資訊傳達給對方。這會使談判向更好的一面發展。

由此可見，談判中應該當地適當的進行提問，那麼如何提問才能獲得談判的成功呢？掌握以下一些基本方法是十分必要的。

1. **封閉式發問**：這是可以在特定領域中獲得特定答覆的發問。例如：「你是否認為售後服務沒有改進的可能？」（答覆應為「是」或「否」）封閉式發問可使發問者獲得特定的資料，而回答這種提問的人並不需要太多的思索工夫即能給予答覆。

2. **開放式發問**：這是一種能夠在廣泛領域內獲得廣泛答覆的問句。通常均無法以「是」或「否」等簡單的措辭作為答覆，例如：「你對自己當前的工作表現有何看法？」「假如你方再度延遲交貨，我方則將對已到期的貨款進行支付。這樣做，你方有何意見？」等等。開放式提問因為不限定

答覆的範圍，故可使對話者暢所欲言，同時發問者也可以從中獲悉對話者的立場與感受。

3. **澄清式發問**：這是針對對方的答覆，重新提出問題使對方做出證實，或補充原先答覆的一種問句。例如：「你剛剛說對目前進行中的這一宗買賣你可以作取捨，這是不是說你可以全權跟我方進行談判？」澄清式問題不但能確保談判雙方在「同一語言」基礎上進行溝通，而且這是針對對方的話語從事回饋的一種理解方式。

4. **探索式發問**：這是針對對方的答覆，要求引申或舉例說明的一種問句。例如：「你說你們對所有的承銷商都一視同仁的按定價給予30%的折扣，請說明一下為什麼你們不對銷售量更大的承銷商給予更大的折扣作為鼓勵？」探索式問句不但可以用以發掘較充分的資訊，而且可以用來顯示發問者對對方答覆的重視。

5. **含有第三者意見的提問**：這是借助第三者的意見以影響對方意見的一種問句，例如：「工程部門的專家頗支援使用部門更新設備的要求，不知你們採購部門對更新設備的要求有何看法？」含有第三者意見的問句中的第三者，如果是對方所熟悉而且也是他所尊重的人，該問句對對方將產生很大的影響，否則，將適得其反。

6. **引導性問句**：這是指對答案具有暗示性的問句。例如：「你們違約，是不是應承擔責任？」這類問題幾乎使對方毫無選擇的按發問者設計的答案回答。

　　了解了談判提問的基本方法，還要掌握提問的要記住，如此才能獲得良好的提問效果。

1. **做好準備**：應該預先準備好問題，最好是一些對方不能夠迅速想出適當答案的問題，以期收到意想不到的效果。同時，預先有所準備也可預防對方反問。

有經驗的談判人員，往往是先提出一些看上去很一般，並且比較容易回答的問題，而這個問題恰恰是隨後所要提出的比較重要的問題的前奏。這時，如果對方思想比較鬆懈，突然面對我們所提出的較為重要的問題，其結果往往是使對方措手不及，收到出其不意之效。因為，對方很可能在回答無關緊要的問題時即已暴露其思想，這時再讓對方回答重要問題，對方只好按照原來的思路來回答問題，或許這個答案正是我們所需要的。

2. **先聽後問**：在對方發言時，如果自己腦中閃現出疑問，千萬不要中止傾聽對方的談話而急於提出問題，這時可先把問題記錄下來，等待對方講完後，有合適的時機再提出問題。

同時，在傾聽對方發言時，可能會出現馬上就想反問的念頭，切記這時不可急於提出自己的看法，因為這樣做不但影響傾聽對方下文，而且會暴露自己的意圖，這樣對方可能會馬上調整其後邊的講話內容，從而使自己可能失去本應聽取到的資訊。

3. **避免刁難問題**：要避免提出那些可能會阻礙對方讓步的刁難問題，這些問題會明顯影響談判效果。

事實上，這類問題往往會給談判的結局帶來麻煩。提問時，不僅要考慮自己的退路，同時也要考慮對方的退路，要把握好時機和火候。

4. **等待時機，繼續追問**：如果對方的答案不夠完善，甚至迴避不答，這時不要強迫追問，而是要有耐心和毅力等待時機到來時再繼續追問，這樣做

以示對對方的尊重，同時再繼續回答對方的問題也是對方的義務和責任，因為時機成熟時，對方也不會推卸。

5. **提出已有答案的問題**：在適當的時候，可以將一個已經發生，並且答案也是大家都知道的問題提出來，驗證一下對方的誠實程度，及其處理事物的態度。同時，這樣做也可給對方一個暗示，即我們對整個交易的行情是了解的，有關對方的資訊我們也是掌握得很充分的。這樣做可以幫助我們進行下一步的合作決策。

不要以法官的態度來詢問對方，也不要問起問題來接連不斷。如果像法官一樣詢問談判對方，會造成對方的敵對與防範心理和情緒。因為雙方談判決不等同於法庭上的審問，需要雙方心平氣和的提出和回答問題，另外，重複連續的發問往往會導致對方的厭倦、乏味而不願回答，有時即使回答也是馬馬虎虎，甚至會出現答非所問。

6. **耐心等待回答**：提出問題後應閉口不言，專心致志的等待對方做出回答。當我們提出問題後，應閉口不言，如果這時對方也是沉默不語，則無形中給對方施加了一種壓力。這時，我們應保持沉默，因為問題是由我們提出的，對方就必須以回答問題的方式打破沉默，或者說打破沉默的責任將由對方來承擔。

7. **態度要誠懇**：如果我們提出某一問題而對方不感興趣，或是態度謹慎而不願展開回答時，我們可以轉換一個角度，並且用十分誠懇的態度來問對方，以此來激發對方回答的興趣。這樣做會使對方樂於回答，也有利於談判者彼此感情上的溝通，有利於談判的順利進行。

8. **問題簡短**：在談判過程中，提出的問題越短越好，而由問句引出的回答則是越長越好。因此，我們應盡量用簡短的句式來向對方提問。因為當我

們提問的話比對方回答的話還長時，我們就將處於被動的地位，這種提問是失敗的。

提出問題是很有力量的談判工具，因此在應用時必須審慎明確。問題決定討論或辯論的方向，適當的發問常能指導談判的結果。

回答還是留有後路為好

談判中正確的答覆未必就是最好的答覆，正確的答覆有時可能愚蠢無比。答覆的藝術在於知道什麼應該說，什麼不應該說，而並不在於答覆內容的對錯。

是的，談判中回答問題，不是一件容易的事。因為你不但要根據對方的提問來回答，並且還要把問題盡可能的講清楚，使提問者得到答覆。而且，你對自己回答的每一句話都負有責任，因為對方可以把你的回答理所當然的認為是一種承諾，這就給你帶來一定的精神負擔和壓力。因此，一個談判者水準的高低在基本上取決於他回答別人提出問題的水準。

談判就其基本構成來說，是由一系列的問和答所構成的，有問必有答，「問」有問的藝術，「答」也有答的技巧。為了做到事後不後悔，在回答對方的問題時，可採用一些技巧，給自己留有後路。

1. 不要徹底回答所提的問題

答話者要將問話者所提的問題範圍縮小，或者在回答之前加以修飾和說明。比如：對方對某種產品的價格表示出關心，發問者就會直接詢問這種產品的價格，如果很徹底的回答對方，把價錢一說了之，那麼再進一步的談判

過程中，回答的一方可能就會比較被動了。

2.不要確切回答對方的提問

回答問題，要給自己留有一定的餘地。回答時，不要太早暴露你的實力，通常可用先說明一種類似的情況，再拉回正題，或者利用反問把重點轉移。

3.降低與減少問話者追問的興致和機會

問話者如果發現了答話者的漏洞，往往會追根究柢的追問下去。所以，回答問題時要特別注意不讓對方抓住某一點繼續發問。在實際談判中，為了巧妙應付忽視己方立場而強逼己方的對手，不要一開始就針對對方的話回答，因為對方已虎視眈眈的等待你的答案的漏洞，並隨時準備展開攻擊。此時藉口問題無法回答也是一種迴避問題的方法，可以這樣說：「我不知道我的回答是否會成為你問題的答案，我將十分誠實的回答，但這種結果只有間接的關係。」從而為避免落入圈套而留下了廣闊的空間。

4.讓自己獲得充分的時間思考

回答問題前必須謹慎從事，對問題要進行認真的思考，要做到這一點，就需要充分的思考時間。

一般情況下，談判者對問題答覆得好壞與思考時間成正比。正因為如此，有些提問者會不斷的催問，迫使你在對問題沒有進行充分思考的情況下倉促回答。在這種情況下，作為答覆者更要沉著，你不必顧忌談判對手的催問，轉告對方你必須進行認真的思考而需要時間。

5. 有些問題不值得回答

談判是語言的交流和碰撞，你需要回答對方提出的問題，才能使談判持續下去，但並不要求你對對方所提的每一個問題都必須回答，特別是對某些不值得回答的問題，你可以禮貌的加以拒絕。

例如：對方提一些與談判主題無關的問題，你回答這種問題顯然是浪費時間。或者，對方會有意提一些容易激怒你的問題，其用意在於使你失去自制力。你不假思索的回答這種問題，只會損害自己。因此對這類問題可以一笑置之。

6. 不輕易作答

有些談判者會提出一些模稜兩可或旁敲側擊的問題，意在以此摸對方的底。對於這一類問題，你更要清楚的了解對方的用意是什麼，否則，輕易、隨意作答，會陷自己於被動。

7. 找藉口拖延答覆

有時可以用資料不全或需要請示等藉口來拖延答覆，但這並不意味著可以拒絕回答對方提出的問題。因此，對於難以下定論的問題，你在回答之前，要找藉口拖延時間，從而進一步思考如何來回答這個問題。

8. 將錯就錯巧答覆

談判中，由於雙方在表述與理解上不一致，會經常出現這種情況，即錯誤的理解對方講話的意思。

一般情況下，這會增加談判雙方資訊交流與溝通上的困難，因而你有必

要予以更正、解釋。但是，在特定情況下，這種錯誤理解能夠為談判中的某一方帶來好處。因此，你可以採取將錯就錯的策略，把「好處」撈過來。

總之，談判中的應答技巧不在於回答對方的「對」或「錯」，而在於應該說什麼，不應該說什麼和如何說，這樣才能產生最佳效應。

談判插話，找對契機很重要

談判中盡量不要打斷對方的話，這是對對方的一種禮貌和尊重。但是，談判中不打斷對方的話，並不意味著始終保持沉默。要知道，談判無非是「說」與「聽」的結合，光「說」不「聽」，或光「聽」不「說」都無法達到談判所需的效果。

在談判的過程中，當地適當的對對方所說的話進行回饋，即表明了自己一直在積極的聽，也能讓對方在你語言回饋中得到肯定、否定或者是引導。可以說，當地適當的在談判中插話，對談判能否取得成功有著重要意義。

但值得注意的一點是，談判插話也要找準時機。否則不但會引起對方的反感，還會使談判無法順利進行下去。一般而言，以下幾種情況是插話的契機：

1. 當對方說話稍有停頓時，你可以插話要求補充說明。如：

「請你繼續說下去。」

「還有其他情況嗎？」

「結果怎麼樣了？」

像這類語言，可以使對方談興更濃，把更多的想法和情況告訴你。

2. 當對方說話間借喝茶、點菸思考問題或整理思路時，你可以插話提示對方。如：

「這是第二點意見，那麼第三點呢？」

「上述的問題我明白了，請談一下吧。」

這類插話，承上啟下，給對方以啟示和引導。

3. 在對方談話間歇的瞬間，給予簡單的肯定的回答。如：

「是的。」

「我理解。」

「很對。」

這種插話，可以表示對對方談話贊成、認同、理解，使談判氣氛更加融洽和活躍。談判中的插話，還可以以使用「重複」和「概述」兩種方法。

「重複」具有促使對方講下去、明確含義、強調話題的作用。

比如：當談判對手談及一個新的問題時，為了明確含義或者為了突出其重要性，我們可以這樣來重複：

「你的意思是不是……」

「我想你大概的意思是……」

「重複」使用的及時和恰當，往往能夠使談判避免停頓和中斷，可以收到很好的效果。

在與條理性不清和組織句子能力較差的人談判時，應該抓住機會對他的言語進行一定的整理，以防其雜亂無章的「開無軌電車」。這裡，比較有效的

整理方法就是概述。

概述應緊扣主題，突出幾點，理清頭緒，去掉與主題無關的廢話，保證談判的順利進行。

比如：「聽你這麼說，大致有這樣幾個問題……」然後羅列出幾個要點，使問題顯得清晰。

表示概述的語言很多：

「你剛才說……」

「用你的話講，這就是……」

「總而言之，你認為不外乎……」

這樣的概述還給人以禮貌的感覺。談判者往往喜歡別人理解自己的意思，如果你表達出他想說而沒能說清楚的話，就很容易贏得他的好感，而這對談判是有好處的。

但是，談判中要注意，插話關鍵是「插」的適時。如果無休止的打斷對方的講話，同時頻頻改變話題，那麼，會使對方感到談判無法進行下去。比如：

「請看，我公司最近生產的這款鞋款式新穎，這款鞋所採用的材質也更輕，透氣性很好……」

「說到透氣性，我立即想到了我們公司所生產的帆布鞋，那真是……」

「這款鞋在國內是首創，一上市馬上就被搶購一空，真是難得的暢銷貨……」

「要說暢銷貨，在我市帆布鞋真是想像不到的暢銷，不僅受年輕一族的青睞，更是中年，甚至是老年人也都很喜歡穿，真是……」

如此打斷對方的講話，會造成談判中斷停止。

為了使談判順利進行，一定要及時回答對方的問話，同時不失時機的同對方展開討論等等。但是說話必須掌握分寸，適可而止，如果你口若懸河，滔滔不絕，嘮叨個不停，絲毫不給對方插話的機會，就有可能會把自己不應被對方知道的意圖暴露出來。同時，對方也會對你產生厭倦情緒。

如何處理談判破裂

談判的雙方都有想達成自身談判目標的欲望，於是以洽談磋商為手段，以認可合作、簽約成交為終結來盡力完成自己的任務。但談判又是一種競爭，其結果的「互利」並非均等式的分一為二。談判結果各方滿意的程度又常常以雙方的優勢、實力、經驗對比為轉移。在此過程中，難免會遇到談判氣氛緊張，甚至瀕臨破裂邊緣的時候。這時，千萬不可意氣用事，不能進行情緒性的談判，而要進行理解性的談判，堅持以兼顧雙方利益為談判原則。

不要以損害對方利益為滿足，不要以為談判對方是不能合作的。如果客戶不講理，也不能「以其人之道還治其人之身」。對待客戶，更不能「得理不饒人」，要給對方說話的機會。當有人存心攪亂談判時，千萬不要讓他得逞，你可以用你自己的方法來討論，並且要讓他傾聽你的理由。總之，當談判陷入破裂時，我們必須善於一些出其不意的特殊口才技巧，扭轉原來的危機，並從中謀求更多原先求之不得的利益。

具體該如何做呢，以下方法可供借鑒：

1 · 坦誠求同法

出其不意的撇開原來已談妥的事項，透過亮出己方的客觀困難、局限性，請對方承諾我方的新要求。新的要求雖然似乎顯得有點不守信用，但因我方不是以翻臉不認帳的強硬態度出現，而是以我方的客觀困難為據，作了合情合理的解釋，有時是會獲得一定效果的。其原因有二：

一是談判本來對對方較有利，對方更爭於達成協議，他們出於「惜失心理」有可能被迫重新做出某種程度的妥協來保住之前的談判成果。

二是人類常有某些幫助弱者實現某種願望的自炫心理，這種「亮底求助」法用得好，能引發對方的這種心理，讓對方既表現了商務上的最大實力與寬宏氣魄，又表現了維護合作、目光長遠的卓越見識，他們有時候是會欣然接受的。

2 · 接力戰術

這種戰術就是以經常說的車輪戰術。這種方法通常使用在談判中段，處於形勢不利的一方為了扭轉局面而採用的手法。比如：由於己方因原先考慮不周，作了某些不當的承諾；或者雙方的談判陷入僵局，我方又說服不了對方；或對方眼見形勢有利，急於成交，咄咄逼人，我方難以招架之時。使用此法者抓住對方此時急於求勝、害怕節外生枝的「惜失心理」，有意製造或利用某些客觀原因，讓上級適時召回或撤換原先的談判負責人或某些重要成員，讓另外一個身分相當的人替代，並利用其作為新介入者的有利條件的特殊情況，改變談判局面，使之朝著於己方有利的方向發展。其具體策略是：

1. 如果需要撤銷前邊不利於己方的允諾，替補者可以用新的負責人的身分，做出新的有理有據的分析，否定前任所作讓步與承諾的不合理性，提出

新的合作方案。

2. 如果需要打破僵局，替補者可以避開原來爭吵不休的議題更換新的議題和角度；也可以繼續前任留下的有利因素，運用自己的新策略，更加有效的促使對方做出新的讓步；還可以以對方與前任矛盾的調和者身分出現，透過運用有說服力的資料、例子，去強調所謂公平、客觀的標準與雙方的共同利益，使大事化小、小事化了，以贏得被激怒的對方的好感，為下面談判的正常化打下基礎。

3. 如果對方成交心切、氣勢咄咄逼人，替補者出現後可以利用對方害怕被逆轉而想速戰速決的心理壓力，以新的分析為依據要求談判重新開始，從而迫使對方改變態度，為了維護原方案的主要利益而主動做出新的讓步。

事實上，在接力戰術中，接替者是有其特殊的優勢和作用的。因為他借助前任的努力，已比較了解對方的長短之處與特點，可謂知己知彼，而對方對我方替補者則一無所知；另一方面替補者雖然也是己方代表，但他與前任畢竟又是兩個人，他對前任的意見比較容易找出理由來做出不同見解。這樣，他「進」可以憑藉原有成果，繼續擴大；「退」則可以把責任往前任身上一推而另起爐灶；還可以打扮成「協調者」來提出實際上仍有利於己方的「合理化建議」。

3・軟硬兼施法

這個方法要求人有靈敏的反應能力，一旦在談判中遇到某些出乎意料但又必須馬上做出反應的問題；或在某些問題上對方完全應該讓步卻偏偏不肯讓步，從而使談判陷入僵局的情況下，我方的負責人（或主談者）找一個藉口暫且離開，然後由事先安排充當「硬柑」（又稱「黑臉者」）的談判者

披甲上陣，佐以在場副將（又稱「協從者」），以突然變得十分強硬的立場與態度，與對方展開唇槍舌劍的較量。死磨硬纏，寸步不讓，從氣勢上壓倒對方，給對方造成一種錯覺：今天換上這批「凶神惡煞」，看來只好自認倒楣！從而迫使對方無可奈何開始表示願意考慮讓步；或者誘使對方在怒中失言失態。

一旦「硬相」的「拼博」取得預期效果時，原先的負責人及時回到談判桌上，但不必馬上表態，而是讓己方的「調和者」（原先有意不介入「拚搏」）以緩和的口氣和誠懇的態度略述剛才雙方的矛盾，然後我方負責人根據對方心態的分析，以「軟相」（又稱「白臉者」）的姿態，以協調、公允的口吻，誠懇的言辭，提出「合情合理」的條件（往往高於或等於原定計畫），使對方剛才「失勢」時頹喪惱怒的心態得到某種程度的緩解與補償而樂於接受。

在這過程中，如果有必要，作為「軟相」的負責人甚至應輔以對己方「黑臉者」粗魯言行的批評訓斥，以顧全對方的面子，並向對方致歉。這樣，在一「軟」一「硬」兩班人馬的默契配合、交替進攻之中，我方正好擺脫困境，重新掌握主動權。

4 · 最後通牒法

在談判中，假如對關鍵問題無法做出退讓或者想試探對方的誠意、許可權時，要果斷的向對方發出己方不能再作讓步或再等待的最後聲明，就是最後通牒法。

這種策略由於態度比較鮮明、乾脆，對於降低對方的期望值，增加對方害怕失去這筆生意的心理壓力，促使對方全部或部分接受我方的條件都是很有效的。

應該記住，上述幾種方法都是在己方不利的情況下採用的特殊方法，其目的只在於脫困以使談判結果中我方獲利的分量有所增加，而不在於欺騙對方以謀非份之利，所以在正常情況下切不可濫用這些方法。

談判中，如何把「不」說出口

談判是滿足雙方彼此需要的合作過程，每一方都希望自己在談判桌上獲得更多的利益。因此，談判雙方難免會發生利益衝突，彼此不滿意的情況時有發生。對於對方提出的不合理條件，就要懂得拒絕。

但在談判過程中，一般不應直接用「不」這個具有強烈的對抗色彩的字眼，更不能威脅和辱罵對方，應盡量把否定性的陳述以肯定的形式表示出來。如此才能讓對方心服口服，否則就會影響談判的順利進行。那麼談判時如何把「不」說出口呢？

1. **盡量說「我」、「我們」**：拒絕的技巧有很多，但目的則是一個，就是既要說出「不」字，又使人覺得可以理解，盡可能減少對方因被拒絕而引起的不快。為此我們應該少說「你」、「你們」，而要多說「我」、「我們」等字眼委婉的拒絕。比如：當談判雙方對某一點難以達到協議時，可以說「在目前的情況下，我們最多只能做到這一步了。」這既表達了自己的無奈和遺憾，同時又暗示對方做出一定的讓步。

2. **尋找一些託辭**：談判中，遇到你必須拒絕的事情，而你又不願傷害對方的感情，這時你可以尋找一些託辭。例如：「對不起，我實在決定不了，我必須與其他人商量一下。」「待我向上司彙報後再答覆你吧。」這樣做既可以擺脫窘境，又不傷害對方的感情，同時也使對方明白了你

的難處。

3. **使用一些敬語**：在談判中使用一些敬語，也可以表達你拒絕的願望，傳遞你拒絕的資訊。據說在法院的離婚判決席上出現的夫妻，很多都會連連發出敬語，好像彼此都很陌生似的。這也是想用敬語來設置彼此間的心理距離，互相在拒絕著對方的表現。所以，當你想拒絕對方時，可以連連發出敬語，使對方產生「可能被拒絕」的預感，形成對方對於「不」的心理準備。

4. **講究策略**：談判中拒絕對方，一定要講究策略。婉轉的拒絕，對方會心服口服；如果生硬的拒絕，對方則會產生不滿，甚至怨恨、仇視你。所以，一定要記住，拒絕對方，盡量不要傷害對方的自尊心。要讓對方明白，你的拒絕是出於不得已，並且感到很抱歉、很遺憾。盡量使你的拒絕溫柔而緩和。美國的消費者團體為了避免被迫買下不願意買的東西，發行了《如何與銷售員打交道》之類的手冊。裡面介紹了如何拒絕來訪的銷售員的各種辦法。據說，其中以「是的，但是……」法最為有效。比如：對方說：「你試試看，很實用吧？」你可以說：「是的，但是……」先承認對方的說法，然後，則以「但是」的託辭敷衍過去。

5. **你該怎麼辦**：談判中，會說「不」字和不會說「不」字，效果是大相徑庭的。你在說「不」字時，必須記住下面幾點：

（1）拒絕的態度要誠懇。

（2）拒絕的內容要明確。

（3）盡可能提出建議來代替拒絕。

（4）講明處境，說明拒絕是毫無辦法的。

（5）從對方的角度談判拒絕的利害關係。

（6）措辭要委婉含蓄。

　　掌握好這些方法，在談判中，你就會敢於說「不」，知道如何說「不」，不僅會為自己爭取更多的利益，同時也會讓談判順利進行下去。

第五章　談判溝通，贏得你想要的一切

第六章　誠信溝通，好生意是談出來的

商場如戰場，那些久經「沙場」的商場老將們，除了具備敏銳的思維、獨到的眼光、清醒的頭腦外還要有一張會溝通的「巧嘴」。知道什麼時候該說什麼話，對什麼人該說什麼話，哪些話最好不說，哪些話可以打動人心等等。只有掌握了溝通的藝術，領略了溝通的真諦，才能生商場上攻無不克，戰無不勝。

誠信溝通，財源不斷

經營者時刻都面臨客戶對自己能力和經驗的考驗。久經「沙場」的大企業家、大商人能夠成功的原因，除了他們擁有睿智的頭腦之外，還依賴於他們的真誠溝通。

因為，任何買賣過程中，顧客對銷售員都懷有雙重心理：一方面有戒心，怕銷售員是「老王賣瓜，自賣自誇」，致使自己被欺騙；另一方面又有信任感，認為銷售員懂商品，又懂行情。

而在顧客這雙重的心理下，能夠促使交易成功，甚至是贏取再次交易的關鍵是誠信。如果銷售員給顧客以虛假的感覺，那麼交易很達甚至是無法達成。所以，千萬別因為一次交易的微薄利益得罪客戶而失去大量潛在的生意。當你給人好處的時候，影響就會像滾雪球一樣越來越大，你的錢包自然就會漸漸鼓起來，而聲譽也會相應得到提高。

身為銷售員的李安突然對長期的強顏歡笑、編造假話、吹噓商品等招攬顧客的作法感到十分厭惡。他覺得這是生活上的一種壓力，為了徹底擺脫這種壓力，他決定做到童叟無欺。從此，他下定決心今後要向顧客講真話。

有了這個想法之後，李安一直以來壓抑的心情突然好了許多。

有一次，一位顧客前來光顧，他對李安說：「我想購買一種可以自由折疊、方便使用的桌子。」

於是，李安搬來桌子，如實的向顧客介紹道：「老實說，這種桌子不怎麼好，常常有人給我們退貨。」

「啊！是嗎？可是到處都看得到這種桌子，我看它挺實用的。」顧客不解

的問道。

「也許是。不過在我看來，這種桌子不見得能升降自如。沒錯，它款式新，但結構存在一定的缺陷。」李安真誠的說道。

「結構有缺陷？」顧客馬上追問道。

「是的，它的結構比較複雜，十分精巧，結果反倒不夠簡便。」

李安一邊說，一邊走近桌子，用腳去蹬桌板。誰知他一腳下去桌面突然往上撐起，差點撞到了顧客。

「對不起，我不是故意的。」李安進一步解釋說。

被嚇了一跳的顧客反而笑了起來，臉上露出喜悅的神色。「很好。不過，我還得仔細看看。」

「沒關係，買東西不仔細挑選是會上當的。您看看這桌子用的木料，它的品質並非上等，貼面膠合很差，我勸您還是別買這種桌子，您到其他家具店看看，那邊的東西要好得多了。」李安語重心長的說。

「好極了。」顧客滿口贊成。

顧客聽完李安的解釋後十分開心，也出乎意料的表示他想要買下這張桌子，並且要馬上取貨。

顧客一走，李安受到了主管的嚴厲訓斥，並被告知他被解僱了。

正當李安辦理辭退手續的時候，突然來了一群人，走進這家商店，爭著、吵著要看多用桌，一下就買走了幾十張桌子，說他們是剛才那位買桌子的客人介紹來的。

就這樣，店裡成交了一筆很大的買賣。而李安不僅沒被辭退，反而因這件事而升了遷。

李安用真誠的態度不僅贏得了顧客的信任，還因此而升了職。可謂是贏得了商機，也贏得了前途。可見，對於銷售人員來說，能夠贏得顧客的關鍵並非是產品有多好，你的說服技巧有多妙，而在於你能否贏得他的信任。

所以想要生意興隆，財源不斷，不僅要練有三寸不爛之舌，還要與顧客誠信溝通。

如何有效的說服客戶

在大多數情況下，客戶購買你的產品或服務是基於他們的消費欲望。客戶對購買你的商品有著感性和理性的理由。你需要尋找一種循序漸進的方法，幫助客戶從感性購買過渡到理性購買。你應該事先準備一系列的思考來為客戶的思考服務。

如果你正在賣鞋，而客戶剛好對鞋有所需求，你就擁有了一個潛在的銷售對象。但是賣鞋的店家很多，如何讓客戶在諸多的店家中選擇你而棄其他，就需要你運用溝通藝術去說服客戶。

說服即透過說理，使對方理解信服。說服是一種十分重要的語言藝術。只有說服了對方，才能達到銷售、推薦的目的。說服當然要說清楚道理，但這還不夠，因為對方認不認你這個理，信不信得過，還要有一個過程，還要有其他方面的促動作用。

一般而言，要想有效的說服客戶，應從說服原則和說服策略兩方面入手。

首先，說服客戶要講究原則。

一般來說，說服客戶要比說服其他人更難，因為，與客戶之間存在著利

益與金錢的關係，因此，對方自然會十分慎重。要想有效說服客戶，必須按照一定的原則進行說服：

1. 說服之前先了解對方

俗話說：「知己知彼，百戰不殆」，這句話既適用於戰場，又適用於商場。在說服客戶之前，必須盡最大可能去了解對方的一些情況，這樣才能有針對性的進行說服。了解對方時要注意以下幾點：

第一，看對方的性格。不同性格的人，接受他人意見的方式不一樣。了解對方的性格，就可以根據對方的性格特點選擇合適的說服方式。

第二，了解對方的特長。一個人的長處是他的自豪。在說服他人的時候，可以從對方的長處入手。談到對方的特長時，對方一定會很有興致，這樣不知不覺間就拉近了彼此的距離，在這種情況下，你再去說服對方，相對輕鬆一些。

第三，摸清對方的喜好。有人愛下棋，有人愛釣魚，有人愛畫畫，有人愛唱歌等等，總之人人有自己喜歡的東西。如果先從對方的喜好入手，再進行說服，較容易達到目的。

有些人不能說服對方，是因為事前沒有充分了解對方，無法運用適當的說服方式，自然就不會得到理想的結果。所以說，在說服之前，一定要充分了解對方，再應對性的採取相對的說服方式。

2. 要耐住性子

如果你的觀點是對的，卻無法和對方達成共識，在這種情況下，就要緩一緩，不要操之過急。因為對方的觀點不是一天形成的，要對方改變他固有

觀點也決非一時之功。這時候就需要你拿出「愚公移山」的精神來，不達目的不甘休。最終你會成功。

　　想成功的說服客戶，需要運用有效的策略。一般說來，說服客戶的有效策略有以下幾項：

1. **以情感人**：人是有感情的，因此，有時候人的感情能主宰一個人的行為。在說服客戶時，不妨先從感情方面入手。盡量創造一種平和、熱情、誠懇的氣氛，使雙方能得到感情上的交流。

2. **以退為進**：心理學上有個名詞叫「自己人效應」，意思是說與人接觸，要取得人家的信任，就應該先讓人家認可你是「自己人」。要想讓對方感覺到你是他的人，就能消除陌生感，製造順利溝通的有利因素。

3. **尋找溝通點**：在與客戶溝通時，先找到雙方的共鳴之處，以此為溝通點，進行下一步的交流，比較容易達成意願。如共同的愛好、興趣，共同的性格、情感，共同的方向、理想，共同的行業、工作等。這都是很好的溝通點。當雙方找到彼此之間的溝通點，再進行說服與溝通就容易多了。

4. **步步引誘**：美國的門羅教授發明了一種激發動機的說服法：首先引起對方的注意；其次明確對方的意圖，把說服話題引到自己的問題上來；第三，告訴對方怎麼解決，指出具體的辦法；第四，預測不同的兩種結果；第五，說明應該採取的行動。在說服的過程中，要盡量站在對方的立場上看問題，直到說服對方為止。

與客戶溝通的注意事項

溝通的成功在於對細節的關心。與顧客進行溝通，尤其是我們與客戶初次面談時，一定要格外謹慎，要善於傾聽，用心去聽，用心去講，不要讓自己的舌頭，超越了你的思想。千萬不能在陌生的顧客面前，毫無顧忌的口若懸河，否則很難達到溝通的效果。一般而言，在與客戶溝通時應注意以下事項：

1. 注意交談的內容與方式

與客戶交談，一定要注意交談的內容與方式，為了便於溝通，可以適當談點私人話題，或者對他來說比較重要的事情，這樣會拉近雙方的距離。相反，如果不注意與客戶交談的內容與方式，不能把握好與客戶交談的分寸，就會出現溝通不當的結果。

比如：對方與你談及的是葡萄酒的產區和國家，就算你一竅不通，或者是討厭喝葡萄酒，也應該表現出很有興趣的樣子來。

2. 語氣要平和

溫言溫語暖人心，人們願意與那些態度友善，語言和氣的人交談，也容易達成合作關係。而對於那些言辭尖刻的人很容易引起人們的反感，也很難與其進行溝通，自然合作也無從說起。

一對情侶在挑選戒指，想少花錢又能展現品味，還想擁有紀念價值，因而一下選來選去總是拿不定主意。兩人看中了一款戒指，向營業員詢問價格，沒想到營業員有些不耐煩了，說道：「這款戒指太貴了，在我們這裡，有

些人買幾百元的首飾也總是討價還價，有些顧客看中某一款飾品，花上萬元也都絲毫沒有猶豫。你們應該明白，我願意為哪種顧客服務。」聽完營業員的話，他們立即就明白了，於是忿忿的離開了那家飾品店。

3. 表達時要讓對方充分理解

溝通很重要的一點就是雙方都能理解對方的意思，若一方只是大談特談，對方卻不明其所說為何事，那無異於對牛彈琴，這樣的溝通是沒有任何意義的。

比如：一家美國公司的推銷業務在日本展開。從早上八點開始，美國公司的業務代表開始介紹他們的產品，他利用投影機把所需的圖表、圖案、報表打在螢幕上，熱情洋溢的介紹，自認為非常吸引人。這個介紹持續了近兩個小時，而三位日本商人在安靜的聽著。

介紹終於結束了，美國代表用充滿期待和自負的目光看著日本商人，說：「你們覺得如何？」

第一個日本商人笑了笑，然後搖了搖頭說：「我沒聽懂。」第二個日本商人也笑了笑，跟著搖了搖頭。第三個日本商人攤開了雙手。

頓時，那位業務員面無血色，無奈的靠著牆，一時間不知道該如何說下去了。

可見，如果一味的按照自己的方式來表達，卻不能從對方的角度來考慮，很難達到溝通的效果。所以，在與客戶溝通的時候，一定要使自己的表達得到對方充分的理解，這樣才能有效的溝通。

4. 尊重對方

每個人都希望能得到尊重，對待顧客時一定要做到尊重。如果由於對客戶沒有應有的尊重，而破壞溝通的氣氛，那麼就很難達到溝通的目的。為了能夠合作愉快，一定要把你的客戶當做重要人物來對待。要讓客戶體會到，你特別尊重他，非常看重與他的合作。讓他清楚，你時時把他擺在重要的位置。他的自尊心得到了滿足，也就會樂於與你合作。

把話說到顧客心坎裡

在商場上有這樣一個原則：「說別人喜歡的話，雙方都會有收穫」。投其所好去說話，是一種智慧的溝通。它是尋求不同職位、不同行業、不同經歷的買賣雙方的利益共同點。

小玉是一名非基改食品銷售員。一天，她一如往常把非基因改造產品的功效向一位陌生的顧客述說，但對方對此並不感興趣。正當小玉準備向對方告辭時，突然看到桌上擺放的蘋果又大又紅。

於是小玉請教對方說：「這蘋果又大又紅，市場上很少看到，它是特殊品種吧！」顧客自豪的說：「確實很罕見。這種蘋果我是專門託在國外的朋友帶過來的，味道很棒。你嘗一個試試？」

「的確如此。我想它的價格一定不便宜吧！」小玉咬了一口蘋果讚美道。

「是的，一斤得要 150 呢。」顧客從容說。

小玉故作驚訝的說：「什麼？ 150……」

「非基因改造產品的價格雖然比基因改造產品的要貴，但是一斤蘋果就要

121

吃 150 的，這個顧客應該可以成交。」小玉心裡暗想。於是她把話題慢慢的轉入到了非基因改造產品上：「這個蘋果從國外運回一定很費事吧！」

「是的，包裝上就十分小心。」

「看來，你很喜歡這種蘋果。」

「嗯，吃慣了這種進口的，就覺得國產的那些有些味同嚼蠟了。」

「太太，你對吃的這麼講究，一定是個很注重健康養生的人，你肯定知道非基因改造產品給人類帶來的種種好處，給你健康，讓你遠離疾病。我們的產品都屬於非基因改造，是純粹的綠色產品。太太，今天就當是買幾斤蘋果把天然食品買下來吧！體會一下非基因改造食品的功效。」

結果對方竟爽快的給予了肯定的答案。她一邊打開錢包，一邊說道：「你真是有心人，即便是我丈夫，也不願意聽我嘮嘮叨叨講這麼多。而你卻願意聽我嘮叨，還能理解我這番話。希望改天再來聽我嘮叨，好嗎？」

推銷能不能成功，關鍵就在於你說出來的話是不是對方喜歡聽的話，需要聽的話，是不是說到了顧客的心坎裡。推銷的成功，很大一部分原因就在於，能抓住顧客的心理，投其所好。因此，在推銷過程中，仔細的觀察和研究客戶，找對其心理所需，然後再對症下藥，自然能達到推銷成功的目的。

當然了，做到知己知彼，還要加上巧妙的周旋，藝術的交談，才能真正打動客戶的心，從而在生意場上獲得成功。

如何巧妙應對顧客的異議

任何銷售活動，都會遇到顧客的不同意見，甚至是反對意見。我們把顧客的這種意見稱為異議。面對顧客異議，有的銷售員會覺得產品一定賣不出

去了。其實不然，顧客異議的出現並不單單是一件壞事，它具有兩面性：其一，它可能是成交的障礙，如果面對顧客的異議，銷售員不能給出滿意的答案，那麼顧客便不會採取購買行動。其二，顧客提出異議也為交易成功提供了機會。如果銷售員能夠當地恰當的解決顧客提出的問題，使他對產品及交易條件有充分的了解和認同，就可能產生購買意向。

也就是說，在產品銷售過程中，採取正確的方法妥善處理顧客異議對於推銷工作最後的成敗起著決定性的作用。因此，要想在推銷工作中取得較好的業績，就一定要掌握一些處理顧客異議的方法。

1 · 「對，但是」處理法

對顧客的不同意見，如果銷售員直接反駁，會引起顧客不快。對此，銷售員可肯定顧客的意見，然後再從其他角度向顧客解釋。

一位家具銷售員向顧客推銷木製家具時，提出：「我對木製家具沒興趣，它們很容易變形。」這位銷售員馬上解釋道：「您說得完全正確，如果與鋼鐵製品相比，木製家具的確容易發生扭曲變形現象。但是，我們製作家具的木板經過特殊處理，扭曲變形係數只有用精密儀器才能測得出。」

這樣一來，不僅給顧客留住了「面子」，而且也以幽默的方式消除了顧客的疑慮。

2 · 同意和補償處理法

如果顧客提出的異議有道理，銷售員採取否認策略是不明智的。這時，應先承認顧客的意見有道理，肯定產品的小缺點，然後利用產品的優點來補償和抵消這些缺點。銷售員常對顧客說「價高品質更高」就是這一處理法的

典型代表。

3 · 反駁處理法

一般遇到顧客提出有關品牌聲譽、企業信譽以及產品品質等原則性問題的異議，銷售員應該對顧客的異議進行直接的否定，維護企業形象，顯示對企業及其產品的信心和堅定的立場，這樣常常會給顧客留下一個講原則的好印象，增加顧客對品牌的信心。當然，溝通時一定要注意技巧。

4 · 問題引導法

顧客提出異議後，銷售員並不以陳述句的形式擺出事實，而是透過向顧客問問題，引導顧客自己排除自己的疑慮，自己找出答案。

銷售員在提問時，可以考慮「為什麼」、「是什麼」、「何處」、「何時」、「何人」及「怎麼樣」這六個方面，按當時情形斟酌使用，這可以說是應付異議的一大良方。

比如你推銷的是傳真機，當顧客提出異議：「你的機器的確妙不可言，我也想得到它，但就是覺得花 500 美元買傳真機太不值得。」你可以反問：「您怎麼會這麼想？」或問，「這東西的利潤率每年超過 100%，不知您為什麼不願意為它投資 500 美元？」

如果你推銷的是絲襪，顧客提出異議：「我想我妻子可能不太喜歡這種絲襪。」你可以反問：「為什麼她會不喜歡呢？」

銷售員透過問「為什麼」，可以引導對方逐步說出自己的真實想法，然後就可以想辦法說服對方，從而達成交易。

5．顧左右而言他法

顧左右而言他法，即對某些異議故意忽略，保持沉默，置若罔聞的一種處理方法。一般來說，銷售員應熱情回答各種問題，幫助顧客認識自己的需要，了解產品，但這並不意味著必須回答所有問題。在某些特定場合下，這種方法也很有效。

李剛是一家家居店的老闆。有一次，一對夫婦到他的店裡挑選沙發套裝，當他們發現看中的東西價格相當高昂時，那位夫人對李剛說：「我們要回家研究一下！」李剛馬上看著那位先生問道：「您是打算把這些貨帶回去呢，還是我們給您送到家？」先生問夫人：「你說呢？」只聽這位夫人說：「哎呀，讓他們送到家需要花錢呀，還是我們自己帶回去好。」

切記，在以上情況下，最好不使用這種方法。第一，不理睬會使顧客產生被輕視的感覺，從而引起不滿的時候，不要故意忽略；第二，不解釋會引起顧客疑心的時候，還是耐心解釋為妙。

總之，有異議表明顧客對產品感興趣，有異議意味著有成交的希望。銷售員如果能夠靈活運用自己掌握的技巧來處理顧客異議，並且可以自信的用事實來證明自己的產品，可以有效的促進交易的成功。

別跟「上帝」爭辯

天底下只有一種能在爭論中獲勝的方式，那就是避免爭論。因為爭論的結果十之八九會使雙方比以前更加想念自己絕對正確。你贏不了爭論。要是輸了，當然你就輸了；即使贏了，但實際上你還是輸了。為什麼？如果你的勝利使對方的論點被攻擊得千瘡百孔，你會覺得洋洋自得，但對方呢？他會

自慚形穢，你傷了他的自尊，他會怨恨你的勝利，而且一個人即使口服，但不一定心服。

　　與顧客溝通，氣氛最好輕鬆和諧。一旦雙方之間發生了分歧，也一定要避免爭辯，否則，就會令客戶與你之間產生敵意，使問題向著難以達成協議的方向發展。

　　幾個朋友去一家餐廳吃飯，點了幾盤家常菜和餐廳的特色紅燒魚。點完菜後，一朋友特意囑咐服務員，說自己吃花椒過敏，因此所有的菜都不要放花椒。服務員點頭後離去，可是等到菜上了桌，朋友卻發現，幾乎所有的菜上面都點綴著花椒。這可讓他有些不快，事先明明說過不放花椒的，現在是什麼情況。

　　「服務員，我記得有告訴過你，菜裡面不放花椒的。」朋友有些不快的指著菜裡的花椒說。

　　「對不起，可能是廚師忘了。」服務員回應道。

　　「那這些放花椒的都給重新換一盤吧。」

　　聽到朋友的話，服務員有些為難，畢竟桌上已經擺了四盤菜，於是叫來了值班經理。

　　「你好。」值班經理走過來微笑著問好。

　　「你好，是這樣的。剛才點菜的時候，我已經囑咐過服務員，所有的菜一律不放花椒，可是現在你看看。」朋友指了指菜裡的花椒說。

　　值班經理看了看，客套道：「非常抱歉，廚師可能在炒菜的時候習慣放花椒了，這麼多菜要是全換有些不合適，要不然你們就將就吃吧！」

　　「什麼叫將就吃，這菜我根本就沒辦法將就，我總不能吃飯跑一趟醫院

吧！請您給換一份吧！」

「後面的幾道菜我一定囑咐廚師別放花椒，這端上桌的真的沒辦法換。」值班經理解釋說。

「為什麼沒辦法換，這錯又不在我們身上，我事先已經告訴過你們別放花椒，難道讓我花錢買幾盤菜當裝飾嗎？」朋友很是不快。

「這位先生，這菜真沒辦法換。再說了，只是放了一點點花椒，你吃應該不會有什麼問題。」

「你這話什麼意思，難道是我在無理取鬧不成？」朋友的聲音有些提高。

「你別誤解，我沒這意思。今天客人這麼多，廚師又忙不過來。大家相互體諒一下，和氣生財嘛。」值班經理看周圍的人都向這邊看過來，於是忙堆笑道。

「既然是相互體諒，你就應該把菜換了。」

「要換的話也只能換其中的一盤，要是全部都換真的有困難。」

「那把這盤紅燒魚換了吧！」朋友指著紅燒魚妥協道。

「再換個別的菜吧，這個菜不能換。」

聽值班經理這麼一說，一桌子的朋友全都火了，「什麼餐廳，自己沒按顧客的要求去做，最後這也不行那也不行的。」

朋友說：「下次再也不上這家餐廳來了，出錯了還爭辯。」

一定不要和客戶爭論，因為爭論不能說服客戶，反而會讓客戶氣憤，使你們之間的合作無法進展下去。

要想與顧客有效的溝通，達到合作的目的，就要避免與對方爭吵。爭吵

不能解決問題，只有讓對方感覺到你對他的尊重和理解，對方才能接納你的意見。在與顧客溝通的過程中，如果發生了分歧，你可以把客戶的過錯統統歸結於自己，然後再心平氣和的進行耐心的解釋。如果要糾正客戶的錯誤說法，不妨嘗試著說「對不起，我使您產生了誤解」。一定不要與顧客爭辯，否則，顧客便會拂袖而去，你與他的合作也就此劃上了句號。

第七章　電話溝通，一線連起兩片天

一條電話線，一頭是你，另一頭是我，兩個人的溝通靠聲波來完成。現如今電話溝通已成為一種比較方便的溝通方式，也是最為普遍的一種溝通方式。但也因為電話溝通時看不到對方的表情和身體語言，所以，電話溝通更需要我們有較好的溝通能力。

電話溝通，聲音幫你傳神

電話溝通就是一門透過電話與對方交流的藝術，打電話時，你可能與對方隔著千山萬水，僅僅憑藉一根電話線，用聲音來傳達彼此之間的資訊和情感。可以說，電話溝通中，聲音發揮著重要的作用。而且同樣一句話，不同的人用不同的聲音講出來，聽者的感覺是不一樣的，甚至讓人有著完全不同的感受。

電話溝通中我們所講的話就好比是一件禮物，聲音則是交通工具。你可以選擇一款落落大方、極具品位的豪華轎車作為交通工具；也可以選擇一輛「除了鈴鐺不響哪裡都響的」自行車作為交通工具，雖然都可以把你的想法（禮物）送到對方的身邊，但是對方收到禮物的感受卻是完全不一樣的。

所以，電話溝通時，請先完善你的聲音「工具」，如此溝通才會更為有效。那麼具體該如何做呢？

1. 請注意你說話的語氣

注意你的語氣 —— 它可以為你定型。經研究，我們得出了這樣的結論：含糊不清的聲音像一個抱怨者；粗鄙、刺耳的聲音像一個騙子；語調很高的、顫抖的聲音像一個神經緊張的人；帶呼吸聲的、輕佻緩慢的聲音像一個賣弄風情的人；清晰活潑的聲音像一個負責的人。我們的聲調是我們發出聲音的特質、表情和色彩。透過變化，它表現出一種情緒、一種感情，可以表達各種不同的意思。

語言學家和心理學家曾鑒別過在我們與他人溝通時習慣使用的聲音語氣，看哪一條符合你：責難和責備的；坦率和實際的；平和和安撫的；以恩

人自居和高傲的；斤斤計較的；無聊和自大的；獨斷的、自以為是的；專橫的、恃強凌弱的；好鬥的、好爭論的；溫和的、友好的；天真的、無助的；積極的、愉快的；抱怨的、滿腹牢騷的；深思熟慮的、平靜的；直接的、清晰的；感情充沛的、生動的……現在，你意識到自己說話的方式了嗎？你的聲音語氣是你自己想要的那種方式嗎？

2. 請拿出你最好的聲音

音調是用來形容我們說話時的高音或者低音。總是使用一個音調會讓人昏昏欲睡，但如果不停的從一個極端切換到另一個極端也會讓人聽起來不舒服；過高的聲音會使我們顯得緊張、過於興奮、不成熟和沒自信；深沉的聲音會聽起來顯得更自信和勝任。

放低你的音調，聽起來會更可靠。音量可以引起興趣和喚起注意。更大聲的說話，或者耳語可以強調對一個重要問題的集中。假如你的聲音是從丹田發出的，而不是發自喉嚨，那麼你的聲音將更富於表現力。深深的呼吸，然後放鬆你的頸部肌肉和聲帶，練習大聲的朗讀，直到獲得你滿意的音質、聲調，以至使你的聲音更富於變化為止。你的句子是以升調結尾嗎，就像在問問題？還是使用降調，以示你在斷言？上揚的聲調會使我們聽起來不確定、缺乏自信。下降的聲調聽起來會更具權威性。

要想讓別人從你的聲音裡感受到具有更有效的說服力，請盡量使自己70% ～ 80% 的句尾使用降調。新聞廣播員經常這樣訓練，這樣使自己的聲音更具權威性。

3. 請注意你說話的語速

你了解自己的語速有多快嗎？如果你的語速過快，就如同一堆詞彙堆砌在一起，讓人難以理解你所描繪的詞彙圖畫，而如果你的語速過慢，又會使人失去耐心，串接不起你所講的內容。語速與下列因素有關：

第一，主題。對於一個複雜的主題，我們需要給予聽眾更多的時間來消化我們所講的內容。

第二，聽者。對於聽者「他」或「她」，你了解他們講話的速度嗎？試著調整你的語速，以保證與聽者的語速相一致。放慢語速聽起來更加成熟和嚴謹，這表示你在謹慎的選擇語言，並使自己的資訊聽上去更重要。

加快語速會傳達一種興奮、熱情和能量。聽眾需要更努力的跟上你的談話，因此，更迅速的交流也可以引起注意，並更需要集中精神。語速和聲調是一種最有效的結合。一些人聲音的流出就像糖漿，另一些人嘰嘰喳喳的像鳥兒，說個不停幾乎沒有喘息的機會，而一些人講話又如機關槍。

4. 加強說話的節奏感

說話時，我們把重音放在一句話中的不同字上會達到不同的效果。比如：「我從未說過他偷了我的錢。」請你自己大聲的讀 7 遍這個句子，每讀一遍，變換所強調的詞彙，你會清楚的發現隨著所強調的詞彙的變化，整句話的資訊也被改變了。實際上，我們強調字句的方式可以決定資訊！這就是聲音的節奏感所引起語言資訊的變化。

我們經常強調某些詞彙，卻沒有意識到可能使要表述的意思走了樣，在交流中無意識的強調一些詞彙可能會造成事倍功半甚至功虧一簣的結果。

撥打和接聽電話的技巧

　　電話溝通是口頭溝通的一種，我們都知道說話的時候要有所注意，其實電話溝通也一樣。一個人接打電話的溝通技巧是否高明，直接的影響到他是否順利達成本次溝通的目標，甚至也會直接影響到企業、公司的對外形象。因此，我們在撥打和接聽電話的時候都應掌握一定的技巧，如此才能實現有效溝通的目的。

　　首先，接聽電話時應掌握一定的技巧，否則就有可能會遺失一些重要的資訊，同時也會影響溝通的效果。為此，接聽電話時應注意以下幾點：

1. **電話鈴響兩次後，再去接電話**：在接聽電話時，鈴響 3 次之內，最好要接起來。不過並不是接聽電話越快越好，如果鈴聲一響，就立刻接聽，那樣反而會讓對方感到驚慌。較理想的是，電話鈴響完第二次時，取下聽筒，接聽電話。

2. **自報家門**：如果你的第一聲優美動聽，會令打電話的對方感到身心愉快，從而放心的講話，因此，拿起聽筒自報家門的技巧很重要。接電話時，第一聲應說：「你好，這裡是……」應將第一句話的聲調、措詞調整到最佳狀態。

3. **確認對方身分**：任何一次溝通，如果雙方不知道彼此的身分，溝通往往沒有針對性，這樣就很難達到溝通目的。因此，在接聽電話時，介紹完自己之後，再確認對方身分，詢問對方的姓名或者公司。

4. **雙方互相寒暄問候**：就像面對面溝通中人們見面時的問候一樣，在電話溝通中也需要雙方互相寒暄問候，這種問候應該在雙方剛剛明確相互身分之後送出，問候語要依據對方的身分而定。

5. **商談相關事宜**：雙方問候之後，打電話者會表明打電話的意圖，你可以針對這些資訊來與對方交談。在交談過程中，如果遇到特別重要的資訊，或者需要注意的事項，要及時向對方確認。

6. **養成隨時記錄的習慣**：在手邊放好紙和筆，隨時記下你所聽到的重要資訊。如果你沒有做好準備，而不得不請求對方重複，這樣會使對方感到你心不在焉，沒有認真聽他說話。

7. **不要將電話轉給他人**：自己接的電話盡量自己處理，只有在萬不得已的情況下才能轉給他人。因為一旦電話轉給他人，就意味著對方要再次重複剛才的內容。在把電話轉給他人時也應向對方解釋一下原因，並請求對方原諒。而且在電話轉給他人之前，也應該確定對方願意你將電話轉給他人。

8. **禮貌道別，輕輕掛斷電話**：通常是打電話的一方先放電話，但對於職員來說，如果對方是上司或顧客，就應讓對方先放電話，待對方說完「再見」後 2 ～ 3 秒鐘才輕輕掛斷電話。

　　其次，撥打電話的時候也應注意一定的技巧，否則話還沒有說完，對方就已失去了與你溝通的興趣，那就很難達到預期的溝通目的。那麼，在撥打電話時應注意些什麼呢？

1. **打電話前整理好電話內容並記錄**：如果是比較重要的電話，在撥打電話前，要將和對方商談的事情寫下來，然後依據其重要程度來排列，這樣在通話時就能做到條理清晰，而且也不會遺漏談話內容。如果是普通的電話，也要在大腦裡試先構思一下，想好要說什麼。

2. **撥打電話，確認對方身分**：當對方接聽電話後，要及時確認對方的身分。

明確對方是否是自己要找的人，以免打錯電話或找錯人。

3. **自報家門**：在確認對方的身分無誤後，告訴對方自己的身分。

4. **相互寒暄問候**：雙方都明確對方身分後，要及時送出你的問候。一聲親切的問候會讓對方心裡愉悅，利於相互的交流順利進行。

5. **商談相關事宜，確認注意事項**：雙方問候之後，依據事先列出的要商談事件的順序來向對方表達自己打電話的意圖，然後積極與對方交談。在交談過程中，如遇到特別重要的資訊，無論通話多麼完美得體，如果最後不注意掛電話這一細節，最終也會功虧一簣，令對方很不愉快。因此，結束通話時，應慢慢的、輕輕的掛斷電話。

總之，接打電話都有一定的技巧，如果忽略了其中的任何一個環節或者任何一個環節出現了失誤，都有可能影響此次溝通的效果。所以接打電話前一定要掌握這些基本的程序和技巧。

電話溝通的注意事項

現今電話溝通為我們提供了極大的方便。無論是日常聯繫，還是臨時緊急事件的處理，只要你拿起電話，例如室內電話、智慧型手機、網路電話、視訊等，就可與對方溝通，快速的解決問題。這既大大節省了時間，又拉近了彼此間的距離。

但是用電話進行溝通的時候，也需要注意細節問題，否則就會影響溝通的效果，很難達到預期的溝通目的。那麼，我們在電話溝通時具體該注意哪些事項呢？

1. **打電話時最好做到言簡意賅，而且聲音要柔和**：若你不知道別人到底忙

不忙，開始就把很簡單的事情說得很複雜，這樣會很容易引起對方的反感。要知道，你很可能在浪費別人的時間。接通電話以後一定要使用柔和的聲音，這樣的話，即使對方心情很不好也會很開心的接到你的電話。

2. **找個安靜的環境，要專注**：打電話的時候，要注意周圍的嘈雜聲，比如電話的聲響、旁人的談話，或是你吃東西所發出的聲音、喝水的雜聲等，進入話筒後會擴大，這會令電話線另一端的人感到煩躁。

3. **想跟別人進行電話溝通就要有耐心，不通再撥一次**：如果你已經撥了一通電話，但是沒聯絡上，就應該試著重新再撥一次，不管沒聯絡上是誰的不對。如果你撥錯了電話，不要對被你打擾的人發出不悅的聲音，「啪」的掛掉電話，你應該友善的表示歉意後，再掛掉電話。

4. **適時跟「忙人」聯繫**：如果你給一個平時很忙的人打電話，而且是打進了他的辦公室，那麼你一定要問：「這時候打電話給您方便嗎？」如果時間不恰當，你可以重新約個時間再聯絡。他可能趕時間，或是辦公室裡有客人，或是正在參與某項活動，所以沒辦法接聽你的電話。也可能你打電話給他時，因為沒有祕書，或者他有其他約會，因而不方便接電話。所以你一定要詢問對方此時接電話是否合適。在日常工作生活中，這點非常重要。

5. **電話溝通也要學會傾聽**：當你接聽電話時，最好做到專注，不要一邊看報紙，或是其他讀物，否則你會錯失重要的談話內容。對方也許已注意到你的興致不高，他也不知道該怎麼辦，這樣一來，談話時間就會拉長。因此，在打電話時，你要注意傾聽，因為只有這樣效率才會高，當然也就越能稱心如意。

6. **不要在電話溝通中途的時候，轉身與他人說話**：當你約了別人來辦公室商談某事，並因此打斷正在與別人的通話，這種舉動實在很無禮且沒有效率，你可以讓祕書或同事先代為接待，把原因給電話另一方說明後再掛斷電話。

7. **對於那些對你來說沒意義的電話也要有禮貌**：生活中不可避免會接到一些毫無意義的電話，如推銷、廣告之類。來電者也許令你不舒服，因而遭到你的斥責。他們很可能是一些剛創業的人，你要想到他們也是很不容易的，斥責難免會傷害到他們，因此當有人來電推銷東西時，應該客氣的說明自己此時不方便接聽電話，然後再掛掉電話。

電話溝通，請別忽視禮儀

電話溝通雖看不見對方，但這並不代表著就可以不講究禮儀。電話溝通也需要禮儀，好的禮儀表現，會在對方心目中樹立好的形象，從而讓你的電話溝通更富有成效。那麼在電話溝通時，我們應該注意哪些禮儀，才能使溝通更富有成效呢？

首先，打完電話後由誰先掛電話，這是你在使用電話溝通時應該注意的禮儀。

按照常規，電話溝通結束後一般都是由打電話的一方先掛電話，因為他有事情找對方，那麼事情說完自然是由他掛電話，這樣才算是有始有終。但是，假如對方是一位年長者，就要看情況了。不管是你打過去還是他打過來，都應該在他掛了電話後，你再輕輕放下手中的話筒，以表示你對長輩的尊重。

其次，一些禮貌的用語你一定要掌握，它們是電話交談技巧中不可或缺的，就像一把鑰匙，能夠幫助你開啟對方的心扉。試想，假如你在打電話時，對方用惡聲惡氣的聲音說：「找誰？不在！」然後「啪」的一聲將電話一掛，你會有什麼樣的感受？若是對方用一句溫和客氣的尊敬語，說：「請問您找哪位？」「哦，對不起，他不在，您可以過一會在打過來，或是直接撥打他的手機。」然後輕輕將電話機放下，此時你心裡肯定有一種很舒服的感覺了。

把「請」、「謝謝」、「不好意思」、「對不起」等敬語用在電話交談之中，是我們每一個人應該具備的素養。

或許，有些人會認為，打電話不必拘泥於非要使用尊敬語，尤其是在跟熟人的時候，用稱兄道弟的說話方式進行電話溝通，不是更能營造一種親切感嗎？當然，對彼此相當了解的好朋友，這種交談方式或許有其優勢，但若與一般認識或與陌生人交流，如果你也稱兄道弟，豈不顯得過於隨便？

再次，電話溝通時要講禮儀並不僅僅是指電話交談的語言，使用電話溝通的身體語言也很重要。有的人打電話的時候習慣於抖著腳，或者手裡玩著電話線，再或者嘴裡叼著香菸，別以為電話那邊的人看不見，要知道，人也是有「心理感應」的，你這樣做對方會認為你很不尊重他。

最後，拿起電話就沒完沒了的說它幾十分鐘的做法，也是不懂得電話溝通禮儀的行為。

總之，使用電話溝通的禮儀，就要注意細節，要注意用語，還要注意身體禮儀。掌握這些簡單的禮儀，你就會在對方心目中樹立好的形象，而你的電話溝通也會更富有成效。

電話溝通，傾聽有技巧

　　電話溝通是看不到對方的，我們只能依靠聲音來傳遞資訊。因此，傾聽對方的談話顯得尤為重要。如果在電話中不能正確的傾聽對方的談話，將無法獲得準確的資訊，當然就更不能進行有效溝通了。因此，在電話溝通中必須學會以下傾聽技巧：

1. **積極傾聽**：當對方要講話時，千萬不要和對方搶著說，要盡量讓對方先說，聽清楚對方所說的內容後自己再說。當然，在對方講話的過程中也不能一味的保持沉默，這樣對方會以為你對他不夠重視，而且缺乏禮貌。而是應該適時的積極配合對方，在對方講話的過程中，當地適當的用一些簡短的詞語或者語句給對方一個資訊的回饋。

2. **當地恰當的引導**：在電話溝通之前，已經明確了這次溝通的目的。那麼在溝通中就應該把話題控制在自己所預設的範圍內。如果離題，應該立刻果斷的結束話題，用比較婉轉的語言來引導對方轉移到你所預設的話題上來。為了了解到更多、更準確的資訊，還需要把話題引申。例如一些涉及關鍵問題的話語，就可以很自然的引導對方來共同討論。

3. **抓住重點**：傾聽對方談話時，要很快的判斷出哪些資訊重要，哪些資訊不重要。對重要的資訊要引起足夠的重視，然後再顧及一些小的細節。只有這樣才能準確的把握對方的真正意圖。

4. **及時複述**：為了確保資訊獲取的準確性，判斷出重要資訊之後，要及時透過複述的形式向對方確認。只有獲取的資訊足夠準確，才能進行有效溝通。

　　傾聽是進行電話溝通的關鍵，如果在電話中不能正確的傾聽，溝通將無

法順利進行。因此，我們應在電話溝通中認真做好以上四點，只有這樣，才能達到預期的電話溝通目的。

第八章　戀人溝通，讓你情場不再失意

戀愛是婚姻的前奏，談情說愛，關鍵要會「談」，如此你的情場才不會失意。如何用一種好的方式來表達愛慕之情，在戀愛過程中，是十分重要的。良好的溝通不僅可以讓雙方的感情甜甜蜜蜜，還可以有效的解決戀愛中的摩擦和矛盾，使愛情之花開得更豔更美。

如何搭訕心儀的他

　　一次偶遇，兩次相逢，於是緣分便攪動了一池春水。面對讓自己怦然心動的他，你是不是覺得距離是個很傷腦筋的問題。其實只要你敢於搭訕，善於搭訕，那麼距離將不是問題，而你與他的故事也將因此而上演。

　　但是生活中，很多人在和陌生異性初次交談時，就感覺如臨大敵一般，羞怯、緊張、局促、手足失措，甚至連擠兩句應酬話也生澀，平日的伶牙俐齒、妙語如珠也不知躲到哪裡去了。既然我們的生活無法迴避與陌生異性交往，那麼就有必要了解一些與異性搭訕的技巧，這會幫助你與素不相識的異性輕鬆溝通。

一、克服恐懼心理

　　很多人在異性面前會感到緊張，更有甚者，見到陌生異性會緊張到臉紅。這樣的表現往往不會給對方留下好印象，一個羞怯、膽小的人怎麼會招人喜歡呢？想要在異性面前有一個好的表現，首先要克服恐懼的心理，坦然、自信的和對方交談。

二、尋找能讓對方產生共鳴的話題

　　「物以類聚，人以群分」，每個人的社交圈，實際上都是以自己為圓點，以共同點（年齡、愛好、經歷、知識層次等）為半徑構成的無數同心圓，共同點越多，圓與圓之間重疊的面積越大，共同語言也就越多，也最容易引起對方的共鳴。

　　共同之處包括彼此共同的專業、工作、家鄉、熟人、興趣愛好等。因

此，在與對方搭訕時，一定要留意共同點，並不斷把共同點擴大，對方談起來才會興致勃勃，談話才會深入持久。

三、多談對方關心的事情

搭訕中，你不可大肆吹噓自己，這只會令對方反感。你必須把對方關心的事放進去。人們最關心的是自己，這是人類最普遍的心理現象。就像平常人們觀看一張合影相片時，最先尋找的是自己，如果自己的面目照得走了樣，就會認為整張照片拍得不好。因此，你必須談對方所關心的，不斷提起，不斷深化，對方不僅不會厭惡，而且還會認為你很關心體貼他。比如：一位朋友去郵局寄郵件，看到一位漂亮的出納小姐，於是便有了與她進一步認識的想法。經過一番仔細的觀察，朋友發現了她的優點，輪到他時，他邊看她寫字邊稱讚說：「你的字寫得很漂亮，現在像我們這樣的年輕人，能寫得這樣一手好字，確實不多見。」出納小姐吃驚的抬起頭，滿臉通紅：「哪裡，哪裡，還差得遠呢。」朋友真心誠意的說：「真的很好，你大概練過字帖吧！」出納小姐說：「是的。」「我的字寫得一塌糊塗，能把你用過的字帖借給我練習嗎？」出納小姐爽快的答應了。並約好時間讓他來取件。於是在一來二去當中，兩人有了感情，最終結成良緣。

四、態度要謙遜、低調

有的人各方面條件確實不錯，但為什麼常常在與異性搭訕時遭到冷語，自討沒趣？關鍵就是這些人擺出一副高高在上的姿態。談起自己眉飛色舞、誇誇其談，這是令人討厭的。一般而言，那些經歷坎坷、屢遭不幸，最終透過自己的努力而獲得成功的人，最能贏得別人的好感。因此，政治家或明

星，為了贏得支持，往往再三渲染自己童年遭受的不幸和為了取得成功付出的巨大努力，這是一種明智的交際技巧。

五、企劃「偶然」事件

有時，你可能沒有機會和陌生的意中人接觸，更談不上搭訕，在這樣的情況下，你不妨給自己「製造」一個機會。

一個星期六的下午，一位穿著時尚、長相英俊的小夥子手捧一束玫瑰，禮貌的敲一間公寓的門。公寓的主人是聯邦德國外交部年輕女祕書海因茲，打開門後，她面對這位不速之客，不知所措。男士連連道歉：「不好意思，我敲錯了門，請原諒。」然後，他接著說：「請收下這束花，作為我打擾你的補償。」海因茲盛情難卻，收下了花，並把小夥子邀請進屋，兩人就這樣認識了。實際上，這個偶然的誤會是小夥子精心企劃好的。不過，像這樣的善意「欺騙」，並不傷害對方，似乎不必苛責。

但需要注意的是，在與陌生異性交談時，不要爭執，不要議論彼此熟悉的人的長短，更不可追根究柢的詢問別人的私生活，要把握分寸，如果不小心談及對方敏感的內容，要巧妙而迅速的轉移話題。另外，不可嬉皮笑臉胡攪蠻纏，更不能用粗俗的、下流的語言挑逗對方，這是品德低劣、內心骯髒的反映，只會引起對方的反感和訓斥。

愛要說出口，才能入佳境

「花開堪折直須折，莫待無花空折枝。」很多事情都只是曇花一現，如果不能及時把握，那將很有可能會成為終身的遺憾。尤其是感情，如果遇到

了，心動了，但由於種種原因而沒能說出口，那麼就是永遠的錯過了。

許多人聽到張信哲的那首《信仰》都會有種心痛的感覺：「如果當時吻你當時抱你，也許結局難講，我那麼多遺憾那麼多期盼，你知道嗎……」如果當初敢邁出一步，「當時抱她吻她」，也許結局真的很難講。然而，他們終究沒有邁出那一步，緣份也就這樣擦肩而過。

在劉若英所唱的《後來》中，我們也感受到了一旦錯過那將是永遠：「後來，我總算學會了如何去愛，可惜你早已遠去，消失在人海，後來，終於在眼淚中明白，有些人，一旦錯過就不在……」所以，如果生活中的你遇到了一個讓自己心動的人就一定要把愛說出口。

那麼，怎樣才能獲得與異性單獨接觸的機會，如何把自己的愛表達出來呢？

首先，必須加深了解對方的性格愛好、生活習慣、經濟狀況、交友範圍等。掌握了這些基本情況之後，就可以根據不同時機表達你的愛意了。一般情況下，向異性表達愛意應注意以下三點：

1. 尋找恰當的時機

尋找恰當的時機，用語言表現自己，引起異性一定程度的好感，然後趁異性高興時，表達自己的愛意。

某大學男生愛上了另一系的女生。雖然兩人都選修了韓語課，經常在一起上課，但沒有說話的機會。眼見課程就要結束，以後再沒有一起上課的時候。於是該男生趁周圍沒有其他同學，跑過去對該女生說：「同學，我見你也經常到教學樓上自習，以後我們可以一起自習嗎？」該女生看著一臉不自在的男生，馬上明白了他的意思，猶豫了一會兒，終於點頭。以後兩人經常一

起上自習，出雙入對。畢業後兩人就牽手走進了婚姻的殿堂。

2. 借物傳情

如果你實在害怕當面向對方表白，會遭到拒絕，那你也可以透過贈送物品來表達自己的情意。

一女生愛慕一男孩很久，但由於女孩較靦腆，一直都沒敢向他表白。可是看著身邊的朋友越來越多的都開始出雙入對，女孩意識到如果自己再不表達，那麼將有可能錯過男孩。可是女孩仍不知如何開口，思前想後，女孩決定借物傳情。情人節快到了，女孩到禮品店買了一個小禮物，又買了張賀卡，簽上名字，送給了男孩。男孩拆開盒子一看，原來是一顆銀質的被分成兩瓣的「心」，男孩拿起兩瓣「心」拼到一起，竟聽到了「心」中傳出來話語「I love you！」難怪女孩的卡片上寫著這樣一句話呢：聽見我的心對你說的話了嗎？好久了，我一直想對你說，今天終於說出來了，你能接受我嗎？

故事的結局當然是十分浪漫的，女孩用一份禮物贏得了自己的愛情，更為自己贏得了幸福。

3. 手機、網路，幫你傳達愛意

資訊社會，各種通訊手段層出不窮，手機、網路都成了連通人與人之間最為快捷的方式。當然了，如果你想向某人表達愛意，借助手機和網路都是不錯的選擇。一來它的保密性較高，一般來說交流的內容只有雙方才知道，他人無從知曉，而且可以很方便將其刪除。二來較之傳統的方式，它的快捷性是其他傳統交流方式所無法比擬的。

談情說愛，會談才能有情有愛

談情說愛，最重要的是會「談」。在戀愛中，有的人雖然談的也挺多，但卻不能將戀愛之舟駛向婚姻的幸福彼岸，其重要的原因就是不會「談」。為了喚你的戀愛多一成勝算的把握，在與心儀的她（他）談情時，以下幾點應多加注意。

1. **變固執為交流**：俗話說「仁者見仁，智者見智。」戀愛過程中，雙方對某些問題存在不同的看法是很正常的，但固執己見，或把自己的意志強加給對方。作為戀愛中的一方，應抱著一種「我不同意你的觀點，但尊重你的發言權」的心態，與對方平等交流，共同探討。

2. **變指責為理解**：戀愛中，由於主觀或客觀的原因，自己的要求不可能次次都得到滿足。因此，你希望男友週末陪你逛街，他卻因為有公務在身沒有答應你，這時你一定要保持冷靜，多點大度和體諒，少些抱怨和指責。如果你以理解的態度回應對方，一方面使對方感覺到你是個通情達理的人，另一方面還會使對方感到歉疚而設法補償你。

3. **變懷疑為關心**：愛情是建立在真誠、理解和信任的基礎上的，不要隨意猜忌和懷疑對方。即使對方真的有什麼事，也會在你關心下懸崖勒馬。

李靜感覺與自己戀愛了兩年的男友最近有些不對勁，不是電話打不通，就是做什麼事都小心翼翼的，尤其是通訊軟體和電子信箱都換了密碼。在李靜的一番觀察下，發現男友居然與另一個女孩有曖昧關係。思前想後，李靜決定不揭穿。這天，一群好友一起吃飯，剛好男友也在場，朋友們為李靜打抱不平說：「做人不能沒有良心，別人對你掏心掏肺，自己卻在外勾三搭四的，是不是良心被狗吃了。」

李靜和男友都聽出朋友話中的意思，男友有些尷尬，李靜淡笑了一聲說道：「哎，你別胡說八道。這年頭飯可以多吃，但話可不能胡說。」

　　「我哪有胡說，我是親眼所見。」朋友意有所指的看了李靜男友一眼。

　　「不管你是親眼所見，還是胡說，別人愛怎樣就怎樣，不過我相信，大偉一定不會做這種事就好了。」

　　聽到李靜這麼說，朋友也不好再說什麼。但從此以後，李靜男友斷絕了與另一個女孩的關係，一心一意愛著李靜。

4. **變報憂為逗樂**：在談戀愛時，說話要幽默些才能增加自己的魅力。

　　與自己談了兩個月戀愛的女友提出了分手，這讓王斌有些難以接受，於是便再三追問分手原因。被迫無奈下，女友說出了分手原因。她說：「跟你在一起，我感到壓抑，生活也顯得無精打采的。」原來，王斌性格內向，對一些問題的看法也有些偏激，當他和女友在一起的時候，常常講些女友不感興趣或不喜歡的話題。比如公司上司如何官僚了、自己空有滿腹才華而懷才不遇、哪裡又發生搶劫殺人等消極方面的話，往往說著說著就唉聲嘆氣，女友受他情緒的感染，也常常變得心情沉重，生活變得很低沉。時間一長，就覺得談戀愛好像變成了訴苦會，和他在一起感覺不到快樂，最後只有和他分手了。

　　在生活和工作中，遇到一些不盡如人意的事是很正常的。向對方傾訴自己的煩惱時，要注意表達方式，不要讓自己的壞心情影響到對方，從而使談戀愛成了訴苦會。

　　把煩惱當成一種自我調侃，或用輕鬆幽默的玩笑話表達，不僅會讓對方感到愉快，還會使對方感受到你積極的人生態度，從而增強與你相處的安全

感和共同面對人生風雨的信心。

用讚美拴住戀人的心

男女剛剛陷入愛情的時候，必然會互相讚美對方的優點。隨著關係固定下來，最初的溫度下降之後，人們對這種事情就做得很少了，儘管兩個人仍舊十分傾心於對方，但是已經不會再大聲的說出讚美和鼓勵的話了。

但如果戀愛中的兩人之間缺乏真心的讚美和鼓勵，那將導致兩人的感情聯繫變得薄弱。因此，多多鼓勵對方，把他當做一個值得讚美的對象，告訴他你對他身上的某個特點非常著迷，尤其是男性對其引以為自豪但是很少能了解別人的看法方面，比如他良好的社交能力，不為人知的小癖好，甚至是他健美的身體，都可成為你們感情升溫的話題。

李琳在這方面非常有心得：「每次看見男朋友穿上西裝，我都會告訴他西裝最適合他，還有他嘴唇的形狀非常性感。每當我這樣說的時候，可以明顯看出他整個人都顯得精神煥發，而且他看我的眼神也會變得更加溫柔。」

當然了，不僅男人喜歡被心儀的她讚美，女人也同樣需要心愛男人的讚美，當你當著自己的朋友的面說其如何賢慧，如何善解人意時，她會感到你對她非常重視，同時也會讓你在她心中的分量更重。

有位朋友常說她最喜歡他男友的就是，每次無論是和他的朋友相聚，還是與她的朋友相聚，男友總會當著眾人的面對她的一些小優點大加讚美，這讓她在感到很驕傲的同時，也更加愛男友。

哲學博士芭芭拉在她的著作《女人想讓男人知道什麼》中提出了這樣的觀點：「當一個女人感覺到你為她而驕傲時，她會因你而融化的，而你也會

因此收穫頗豐。要知道，在公共場合誇獎她一次，比得上私下裡誇獎她 10 次呢。」

因此，處於戀愛中的男友，要想拴住對方的心，就要學會讚美他。

首先，讚美戀人，一定要選擇得體大方的語言，否則就會造成對方的不快和誤會。雖然人們都喜歡聽到戀人的讚美，但大多都還是有自知之明的，對於那些不切實際的誇讚，往往會使對方非常反感。輕則認為你油嘴滑舌，重則覺得你心術不正，搞不好就會把你列入黑名單。

其次，獨具匠心的讚美，更能打動戀人的心。如果你對戀人的容貌誇得多了，對方會覺得你過於俗氣。但若你換個角度，讚美他氣質高雅或讚美他風度翩翩，定會讓對方感到高興。稱讚一個人，與其稱讚他最大的優點，還不如去讚美那些不易讓人發覺甚至是連對方自己都沒有發現的優點。因為，對他明顯優點的讚美，在對方看來早已是司空見慣，不足為奇。所以，盡量去挖掘對方那些不易被人發現的優點並加以讚美，往往會收到良好的效果，對方也會覺得你很有誠意。

再次，當著別人的面讚美對方，滿足他的心理需求。有一位丈夫邀約幾位好友到家裡做客，這讓在廚房忙碌的妻子有些疲於應付，心裡也有了諸多抱怨，可是就在妻子暗罵丈夫瞎找事時，聽到坐在客廳裡的丈夫對著朋友們說道：「我妻子燒菜可是一絕，都可與那些五星級酒店裡的大廚有得拼了，今天你們一定要好好嘗嘗。」丈夫的誇獎使妻子的氣一下子消了，而且更加用心的燒菜，結果朋友歡心，妻子心裡也高興。記住，當一句讚美的話是當著另一個人的面說的，會產生三倍的效果。

最後，用行動來間接讚美，有時它會比語言讚美更有效。比如：你向對方索要照片給公司同事看，這種行為會讓對方覺得：他想讓每個人知道這是

自己的戀人，說明對方很在乎你，也說明對方對你很滿意。這種讚美方式達到的效果自然是不言而喻了。

幽默的語言會讓人產生好感

幽默是一種高雅的語言藝術，需要一定的文化底蘊和一定的學識累積。對於戀愛中的男友，如果適時的運用一些幽默的語言，不僅會讓對方對你產生好感，還會在捧腹大笑的同時增進彼此之間的感情。

有一位從事銷售工作的男孩和女朋友約好了要看電影，可是他卻整整遲到了十五分鐘。等到他到達約會地點的時候，女朋友已把臉拉得老長，並抱怨他耽誤了電影的開播時間，可是這位男士卻憨憨的伸手摸了摸自己的腦勺，「嘿嘿」一笑，非常不好意思的對女朋友說：「今天的交通可真夠塞的呀！幸虧我不胖，還能夠在車子的縫隙中穿梭，要不然現在恐怕還見不到你呢！」

女朋友看看自己男友瘦高的身材，忍不住大笑起來，壓頂的烏雲頓時全都消散了。

這位男孩半開玩笑的幽默，不僅說明了自己來晚的原因，簡潔的表達了自己的歉意，更重要的是緩和了氣氛，使女朋友的怨氣一掃而光。可見，戀愛中巧妙運用幽默的語言會讓人產生好感，從而增加你在戀愛天平上的砝碼。但是需要注意的是：開玩笑也應把握住度和火候，否則不但不會博得伴侶一笑，反而會適得其反。

比如：一位年輕的廚師寫情書給女友：「親愛的，無論在煮湯或炒菜的時候我都想念你！你簡直像味精那樣缺少不得。看見蘑菇，想起你的圓眼睛；看見豬肺想起你的腰身。你猶如我的圍裙，我不能沒有你。答應嫁給我吧，

我會像侍候熊掌般侍候你。」

　　女友見信後大怒，馬上寫了回信：「我也想起過你那像鵝掌的眉毛，你綠豆芽的眼睛，像蘑菇的鼻子，你味精的嘴巴，還想起過你那像雌鯉魚的身材。我像蘆筍那麼嫩，未夠火候，出嫁還早哩！順便告訴你，我不打算要個像熊掌的丈夫。其實我和你就像蒸魚放薑那樣。相信你明白我的意思。」

　　你看，本來年輕的廚師想以自己的職業為題，在女友面前顯示一下自己幽默的才華，沒想到運用不當，適得其反。可見，情侶之間開玩笑千萬不要開大了，如果觸到對方的忌諱和弱點那可就得不償失了。只有拿捏玩笑的尺度和火候，那麼你儼然就是一個幽默大師了。即能博得伴侶一笑，也調劑了平淡無味的生活。使你們的生活洋溢著溫馨甜蜜，讓二人世界充滿著愉快的笑聲。

談情說愛有忌諱，避開雷區易牽手

　　情侶關係是一種很親密的人際關係，他們之間應該無話不談，但是不能因為這樣就不注意溝通的藝術，如果太隨便了，不理會那些明顯的禁忌，足以在情侶關係中擦槍走火，成為引發二人口水大戰的導火線。兩人之間的感情越深，那些傷人的話威力就會越大，因此不要毫無分寸的說話，那樣往往會傷害到你最深愛的人。以下四種話在談戀愛時千萬不可說：

1. 絕話

　　絕，是氣絕的絕，就是使人氣死的話，即絕情的話。絕話是愛情的勁敵，是分手的催化劑。即使最親近最親愛的人，都有產生摩擦和矛盾的時

候，應該冷靜的對待。如果你還愛著對方，那些不該說的話千萬不要說出口。像「我恨死你了」、「真後悔認識你」、「這輩子我再也不想見到你」等，這類的絕話，只會讓你的愛情走向墳墓。

2. 氣話

氣話就是讓人生氣的話，雖然還夠不上絕情的話，但也要少說為妙。情侶之間的情誼，貴在互相理解，相互尊重，相互讚美。要學會發現和欣賞對方的長處，要謹慎的提示和批評所愛的人的短處。因為人都有自尊心和榮譽感，若揭人短處，很容易引起對方的不快，甚至還會讓對方覺得難堪。從而引起戀愛雙方不必要的誤會，甚至是感情上的隔閡。

3. 怨話

怨話，就是埋怨的話。互相埋怨，互相責怪，是情侶的大忌。似是小事，卻不能等閒視之。一對情侶相處一長，會發現對方的不足和缺點，甚至還有做錯事的時候。自己要有大度和氣量，要學會寬容，多體諒對方，盡量不在人前數落對方。只要不是故意的，對方願意改正錯誤，就沒有必要糾纏著不放，耿耿於懷。

4. 髒話

甜言蜜語，使人心情舒暢；汙言穢語，使人心生反感。一張口就髒話連篇，別人會說你沒素養、沒教養，會對你「敬」而遠之。情侶間的交往是純潔的，所以，語言也應該是純潔的，說話應該是文明的。罵人的話不僅難聽，而且還會汙辱人格和尊嚴。切記，不要因一時的氣惱而出言不遜，喪失

了人格，窒息了愛情。

　　當然，除了以上的溝通原則之外，以下幾種忌諱的話題也應盡可能的避免：

1. **涉及對方的敏感話題**：戀愛中的男女都或多或少的存在自己的「敏感的帶」。對這些「敏感的帶」，即使是以開玩笑的方式也不能去觸及。因為現實表明，在這些問題上「戀愛無戲言」，尤其是曾經有過戀愛史的雙方。

2. **傷自尊的話**：每個人都是有尊嚴的，尤其是有外人在的情況下，我們更在意自己的尊嚴。可是戀愛中，隨著雙方關係的逐步加深，彼此之間言語也會變得隨意起來。但不論怎麼隨便都要把握好一個「度」，即言談不得傷害對方的自尊。否則，即使對方明知你是在開玩笑，也會在心裡感到不舒服。

3. **反覆追問的話**：戀愛中，出於某種疑慮或擔心，可以向對方詢問一些問題。但一旦對方給了明確的回答，就不要再反覆追問，否則很容易引起對方的反感。

4. **品評對方父母的話**：青年男女在戀愛了一段時間後，男方往往會把女方先帶到自己家裡見見父母。這常常出現女方對男方父母隨意發表看法的情形，這是很不好的。一般來說，父母在孩子心中的位置是無人可取代的。作為孩子，誰都不喜歡聽到別人當面品評自己的父母，即便是戀人也不例外。

第九章　用心溝通，讓愛一如初見

　　婚姻是我們一輩子的事，是需要我們好好經營的。可是當男女步入甜蜜的紅毯，進入家庭，許許多多的問題就開始出現，歸咎其問題的根源還是家庭內部的溝通出現了問題。溝通，是建立健全和改善家人關係相當重要的一環。若家庭之中少了溝通，就不能了解彼此的思想感情，在家庭關係上，就不可能有日新月異的成熟和長進，而這場猶如馬拉松式的婚姻，恐怕也將難以維繫了。而家庭成員之間溝通好了，那麼家庭生活定會其樂融融。

面對他，健談跑到哪裡去了

夫妻之間缺乏溝通，就不能了解對方的思想感情，在婚姻關係上，就不可能有日新月異的成熟和長進，而這場猶如馬拉松式的婚姻，也將會有諸多的遺憾。

有這麼一個故事，說一對夫妻幾乎三天一大吵，兩天一小鬧，但這樣跌跌撞撞也生活了幾十年。到了結婚紀念日這一天，他們商量不再吵架，而且還做了幾道菜餚慶祝，妻子做了一條魚。當菜餚上桌後，老頭子習慣性的把魚頭夾給老太太，沒想到，老太太卻掉起了眼淚。老頭子很奇怪的問：「我今天可沒欺負你，你怎麼又哭了呢？」

老太太道：「我跟你這麼多年，你總是把魚頭給我吃。可今天這樣的日了，你還把魚頭給我吃！你知不知道，我最不願意吃的就是魚頭。我們結婚第一天，你給我魚頭時，我就覺得你這個人特別的自私，把不好吃的魚頭給別人吃。」

聽了老太太的話，老頭子嘆了口氣說：「真是冤枉啊，我一直以為你最喜歡吃的是魚頭，其實我最愛吃魚頭，這幾十年來一直捨不得吃，讓給你吃，沒想到你不愛吃呀！」

我們總以自己的方式來對待身邊的人，總覺得相處多年，已對他有了足夠的了解，卻不知有時候我們給的並非是對方想要的。而且生活中的我們也總是把最美麗的一面展示給外人，而把最醜陋的一面留給自己身邊的人；我們總會以極大的耐心對待外人，但當我們面對身邊的他時卻變得暴躁不安，面對外人我們總會侃侃而談，可是面對身邊的他，我們發現曾經道不盡的甜言蜜語變成了現今的無言以對，雖然生活在同一個屋簷之下，是這個世界上

最親的兩個人，可是卻感受不到一絲絲的溫馨。

有一天，一位鄰居向我抱怨她丈夫冷漠，平時在家基本能不開口就不開口，即使是開口也是盡快結束。說她一想到回家，面對他那張不死不活的臉就生氣。

聽著她的抱怨我感到很驚訝，儘管我與她丈夫沒有過深的交往，但是平日裡遇到也會說上幾句，他給我的感覺是一個很健談的人，平日與他談笑風生，幽默詼諧的話語如連珠似的不斷從他的口中說出。我都開始懷疑她跟我說的是不是同一個人！

後來，經過一番細究，才發現他們兩人在外面可以左右逢源，把話說得滴水不漏，可是一回到家，就不一樣了。之所以出現這種情況，是因為夫妻兩人之間缺乏溝通，都以為夫妻多年，彼此之間已經熟識到無所不知，沒什麼可說的地步。卻不知心有靈犀未必就能一點通，眼睛看到的也未必都是真的。於是，在一次次自以為是的誤會中讓矛盾不斷加深。

其實，婚姻中的溝通，就像連接南北的橋梁，是雙方心靈的交匯，是婚姻穩固的必須。如果夫妻之間沒有了溝通，很難想像這樣的婚姻還會繼續走下去。當然了，溝通也並非是簡單的說說話、聊聊天，而是要夫妻雙方以積極的，以具有建設性的較好的溝通去解決婚姻中所存在的問題，讓婚姻向更好的方向發展。那麼，怎樣才能採用較好的溝通方式呢？以下原則須注意：

1. 表達要明確具體

溝通時要清楚、具體，不可以讓對方猜或覺得無所適從。夫妻間常說的話是：「那還用我講嗎？」意思是，作為夫妻，似乎本該先知先明。但是，事實並不像人們所期望的那樣。因此，作為夫妻之間可以做的是，比如妻子如

果覺得丈夫回家晚，就直接告訴她的丈夫最好幾點回家，而不只是說：「下班早點回來。」

2. 實事求是

在批評對方時，不能用「你從來什麼家務事都不做」、「你總是把臭襪子到處亂丟」等誇大的表達方式。否則對方會說「我不是從來」，「我不是總是」，不但不承認被指責的事，而且可能不指責對方不講理，並糾纏在到底做過多少的「次數」上，以至於轉移了主要問題，還引起了雙方間的矛盾。

3. 理解肢體語言

人與人之間的溝通 65% 是非語言的。人的一舉一動，都包含著溝通的資訊，如果夫妻之間能盡量體會、準確感覺到相互之間的非語言資訊，將有助於夫妻之間的良好溝通。

4. 時刻表達感激和愛

聰明的丈夫對妻子的每一件小事都應表示感激之情，即便是給他洗了一下襪子。妻子對丈夫在生活上的體貼、經濟上的幫助也應該表示感激。夫妻雙方時刻使用「謝謝」兩個字，看來無關緊要，實際上這是情感交流的一種有效方式。因為彼此能感覺到自己是被人需要的。有時候，感情交流還需要親口說出來，最能表達夫妻情意的就是「我愛你」，即便你們結婚多年且關係良好，也不要忘了這三個字。它會幫助夫妻之間架起一條全天候的通信線路，使不幸的日子可能變得容易些，使美好的日子變得更加幸福。

5. 感受對方的心境，傾聽對方的意見

夫妻應該知道彼此的需求，如果丈夫回到家裡顯得憂慮和沮喪，妻子就應給丈夫多一點親暱和愛撫。同樣，當妻子鬱鬱寡歡時，丈夫也該坐下來去聆聽妻子的心聲。這是需要雙方增加溝通和了解，幫助對方解決內心的衝突。無論哪一方在學習、工作和生活中受挫，另一方都應冷靜明智的以無限愛戀給予關懷。

6. 求大同，存小異

為了讓夫妻的感情溝通暢通無阻，交流思想更富有意義，夫妻雙方應該在生活的各領域內求大同、存小異，力求縮短彼此之間的心理距離。

7. 選擇時機

良好的溝通需要較為合適的時間安排。在對方情緒比較好的時候，談一些棘手的問題，可能有助於減少衝突。在對方正處於比較緊張焦慮的工作或生活狀態時，盡量與對方談一些輕鬆愉快的話題。這其實也是傳達著對對方的尊重、體貼和理解的資訊。時間和話題的選擇本身就是一種良好的溝通方式。

8. 學會傾聽

良好的溝通除了表達自己之外，還需要耐心的傾聽並給以回饋也是非常重要的。傾聽不僅有助於了解對方，而且也是體貼尊重對方的表現，同時也是在向對方傳達著這樣一個資訊：他也應該這樣傾聽自己的聲音。

9. 深入交流

不管是子女教育問題，還是夫妻的相互感情問題、性生活問題等，夫妻雙方都應有深入的交流，這樣才能達到真正的相互理解。

10. 讚美和表揚

不斷鼓勵和表揚對方，是夫妻良好溝通的有效方式。並且，夫妻之間的相互讚美多於指責，這非常有利於夫妻關係健康的發展。當然，表揚時應具體，不論事大事小，只要對方做得好，就要不斷給予肯定。這樣做，可使對方感到你真的很在意他，並會促使雙方做得更好。

總之，婚姻是一輩子的事情，要想家庭幸福，就一定要做好夫妻間的溝通。如果一個男人有了難事，可以告知自己的妻子，那這個男人無疑是幸福的。他的壓力也被分解了、減輕了，夫妻之間再商量著去辦那個難事，就能水到渠成，事半功倍了。

正所謂同呼吸，共命運，夫妻理應如此。如果生活中你們步調一致，溝通順暢，有問題兩人一起面對，有困難兩人一起解決，真正做到夫妻同心，那事業一定會順風順水，家庭也一定會和和美美！

嘮叨並非溝通的好方法

有人說：「女人的嘮叨是男人心中永遠的痛」。或許在女人看來，自己的嘮叨只是扮演著提醒的角色，是為了讓男人變得更好。可是女人有沒有想過，你的嘮叨真的是男人想要的嗎？看看現實生活中，許多婚姻生活之所以不幸福，完全是女人的嘮叨惹的禍。

著名專欄作家桃樂絲‧迪克斯曾說過：「一個男人能不能從婚姻生活中得到幸福，他太太的脾氣和性情比其他任何事情都重要。即使她擁有全天下的每一種美德，但如果他脾氣暴躁、嘮叨，那麼她所有其他的美德便都等於零。」但在生活中，我們卻總能看到妻子追著丈夫嘮嘮叨叨，丈夫則「惜字如金」，最後說著說著一場戰爭也就爆發了。比如：下面這對夫妻。

丈夫下班後拖著沉重的身子，一臉疲倦的回到家裡。

妻：「你今天很累吧？」

夫：「嗯。」

妻：「吃過晚餐了嗎？」

夫：「吃了。」

妻：「都吃了些什麼，還餓嗎？」

夫：「不餓。」

妻：「明天準備怎麼安排？」

夫：「還不知道。」

丈夫回到臥室，打開了電視機。妻子還在不停的和丈夫說話，丈夫一邊看電視，一邊心不在焉的回話。

終於妻子有些火了，說：「你是木頭呀，能不能多說幾句話。你什麼意思呀，是不是不想理我了，當年這麼快就讓你追到手了，你當然不會珍惜。」

丈夫一聽，也不相讓，說：「你不知道我工作很累嗎？回到家還這麼嘮叨，一點都不知道體諒我。」

妻子更生氣了：「一回家就擺個臭臉，給誰看啦，你要是嫌煩我了就說，

不想一起過就別過了。」

於是，兩人開始爭吵起來。

著名的心理學家特曼博士對一千五百對夫婦做過詳細調查。研究表明，在丈夫眼中，嘮叨、挑剔是妻子最大的缺點。另外，蓋洛普民意測驗和強森性情分析兩個著名的研究機構，它們的研究結果都是相同的。它們發現，任何一種個性都不會像嘮叨、挑剔給家庭生活帶來巨大的傷害。

其實，嘮叨是一種心理問題，是源於妻子對婚姻的憧憬與現實的落差的無可奈何心理的反映。如果你仔細觀察，你就會發現愛嘮叨的往往是那些不快樂、不幸福、抱怨多多的女人，因為得不到丈夫充分的關愛，對婚姻生發失望的情緒後，就會透過嘮叨來表示對丈夫的諸多不滿。可是女人你必須了解，嘮叨是一種錯誤的方式，它不僅對你提出的問題無益，反而會引起丈夫的反感，還會時常讓丈夫處於防備和自衛狀態，以此來逃避來自你的指責和干涉。

因此，女人們，即便你對婚姻有許多的不滿，也請你別選擇嘮叨，而應管好嘴巴，最好能夠惜字如金。如果婚姻中的女人發現自己在不知不覺中變得嘮叨了，特別是家人開始對自己有不滿情緒時，就要引起高度的重視，這表明你需要學習家庭溝通藝術，並採取行動改正自己的嘮叨，以下方法可供借鑒：

1. **合理安排生活**：長期的疲乏往往會轉換成一種嘮叨的傾向，最好的治療方法就是把個人生活安排得更有效率一些，找出疲乏的原因，並消滅它。

2. **訓練自己凡事只把話講一遍的習慣**：如果一個女人必須很不耐煩的提醒

丈夫三四次，說他曾經答應過要一起做某件事。莫不如只認真的對他說一次，如果他現在已經在做了，她就不用再浪費唇舌多說幾遍了。

3. **找準時機說話**：傍晚時分，一家人身心都很疲憊的情況下，或者是對方遇見煩心事的時候，嘮叨會成為家庭矛盾的導火線。智慧的女人會創造一個溫馨的港灣來接納家人，夫妻之間的矛盾找對了時機再談，就會緩和許多。

4. **培養幽默感**：幽默感能使女人保持良好的心情，如果一個女人對芝麻大小的事也會生氣，早晚會精神崩潰。所以，女人要學會用寬容、幽默的態度對待生活中不如意的事，而不是整天緊繃著臉，更別為了一些微不足道的芝麻小事，而將夫妻間的感情變成怨恨。

5. **疏導壓抑性情緒**：心理學家認為，壓抑性的事情常常會造成女人的嘮叨。婚姻的問題、事業的挫折、對生活的不滿等，面對生活中的諸多不如意，女人常常以嘮叨、埋怨、訴苦的方式發洩出來，但女人要知道，以嘮叨的方式來發洩，只不過是火上澆油而已。女人消除這些壓抑性情緒的最佳途徑是：分析自己的心理因素，找出這些問題的源頭，並當地適當的疏導，讓它們釋放出去。

別讓愛在冷戰中死去

俗話說：「無聲的戰鬥比刀光劍影之戰更加殘酷。」雖然所有的窗戶都是敞開的，但屋內的空氣仍然像凝固了一樣，讓人喘不過氣來，安靜得讓人想歇斯底里。

婚姻就像一條河，有平靜，有波濤，也有暗流。夫妻「冷戰」就是婚姻

河的一條暗流，常使家庭這條船觸礁。「冷戰」作為一種隱性的暴力形式，給夫妻雙方的傷害往往比顯性暴力更大。肉體上的創傷可以治療，心靈上的創傷卻難以癒合，甚至還會造成精神疾苦。

婚姻大事，父母做主，這對於現今婚戀自由的我們來說是一件很久遠的事情，可是卻真實的發生在燕的身上。大學一畢業，燕的老爸便與老戰友商量著如何結成親家。儘管較外向的燕並不喜歡老公的性格，但燕的老爸卻說這樣的男人會疼人，不像那些光有口才卻只懂得迷惑小女生而不懂得過日子。於是，在雙方老爸的操辦下，燕很快結婚了。

燕的老公在某機關做行政，喜歡跳舞唱歌的燕則在一家宣傳公司裡擔任文創。其實燕的老公人挺好，每天早晨開車送燕上班，若下班早還會下廚做飯，這也讓燕漸漸的愛上了他。可是老公卻對燕從事的工作很有意見，一直要求燕調換工作。為了此事，夫妻兩人不知吵了多少次架了，再加上老公個性強，一生起氣來十天半月都不跟人說話。而燕卻最煩男人這樣小心眼。於是，老公越憋氣，燕也越不想理他。在燕看來，自己所表現出的強勢可以強迫老公改變自己，不再干涉她的工作。

可是燕卻未曾想到自己的婚姻就毀在了雙方的憋氣之中。一天晚上活動結束後，本來一起回家的姐妹被男友接走，隻身一人的燕被好心的男同事開車載了一程。可是誰知，燕剛進家門，老公就摔了菸灰缸，砸了茶几，指著她的鼻子罵說：「別把自己弄得像個小三，一肚子的男盜女娼。」

聽到如此具有侮辱性的話語，燕很是氣憤，再加上忙了一晚上睏得不行，於是直接衝進臥室抱起被子，摔上房門搬到另一個房間。從那天開始，兩人各忙各的，彼此不再說話，也不再做愛。中間老公有過兩次要求，但燕一想到老公那句難聽的話語，就提不起一點做愛的興趣。等到第三個月的時

候，老公提出了離婚。他說離婚儘管會讓父母有些難過，但總好過一輩子困在這種同床共枕卻沒有任何語言，沒有任何生機的婚姻之中。

湯匙沒有不碰鍋邊的，夫妻兩人生活在一起，吵架是在所難免的。而且夫妻之間的小打小鬧，雖然有些辛辣，但也有許多甜蜜在裡面。但夫妻吵架之後進入冷戰狀態，儘管表面上「相敬如賓」，但雙方心底的冷漠，其實已在標誌著夫妻關係的死亡，婚姻走到這一步，真的很可悲。

其實，日常生活中也常見有「夫妻冷戰」，只是「冷」的時間長短不同而已。有些家庭在發生小矛盾的冷戰中能夠很快恢復熱度。但若發生冷戰的夫婦雙方性格都比較剛烈，常以自我為中心，處事的態度比較執著，個性鮮明突出，有種「你狠，我比你更狠，你不服我，我更不服你，你不退讓，我更不低頭」的一種架勢，互不示弱，互不退讓，從而進入封鎖視線、封閉語言、暫停交流和溝通的冷戰階段。就這樣越戰越冷，積重難返時，一個家庭就有可能因冷戰而支解。如果不想讓自己的家庭陷入「冷戰」的困境，就要時時刻刻小心呵護家庭生活的環境與氛圍，讓「冷戰」消失在萌芽狀態。有時候，一個低姿態的示愛，一個溫柔的電話，也可以約上對方晚餐後去散散步，一邊走一邊聊，好多問題都能隨時解決。既是解決矛盾的辦法，也是化解冷戰的良藥。當然了，要從根本上消除家庭冷戰，需要夫婦雙方共同努力：

1. 學會調整心態，盡可能的改變性格，避免過於亢奮和激動，學會冷靜處事，溫和言談。

2. 加強溝通，遇事多商量，注重換位思考，排除自我中心意識，謹慎處事，三思而後行。

3. 相互尊重，增強信任度，做到以心換心，忠誠相待。

4. 放下臭架子，丟棄所謂的尊嚴和虛榮心，相互謙讓一點，退一著風平浪靜，讓一步海闊天空。

婆媳巧溝通，家庭多和睦

婆媳關係，歷來是家庭中最微妙的關係之一。不論是婆婆看兒媳，還是兒媳看婆婆，總有點「越看越相厭」的感覺。不論是哪種家庭，總是難以避免的傳出「婆媳不和」的聲音。

畢竟，婆婆和媳婦這兩個女人，在前幾十年是毫無關係的，只因為她們共同愛著一個男人而成為一家人，所以婆媳關係並不是婆婆和媳婦兩個人的關係，而是比三角戀更複雜的三角關係。三角戀中，總有一個是不被愛的，而且最終會有一人退出，所以相對簡單多了。但在婆媳關係中，兩個女人都是被愛的，哪個女人都不能退出，而且還應該和諧相處。這就免不了讓本應該擁有兩個女人的愛的那個男人夾在中間，受盡委屈。

於是，男人便在女人問的如果她和他媽同時落入水中，都不會游泳，他先救哪一位的問題面前苦惱著。的確，對於男人而言，前半生同母親相依為命，後半生同妻子同甘共苦，這兩者之間怎樣選擇才最好呢？什麼樣的答案才能讓兩個女人都滿意呢？

其實，女人完全不必如此，對男人而言妻子和老媽同樣重要，丟下哪個他都不捨得。所以女人就不應該問如此傻氣的問題，而應想方設法與婆婆溝通好，做好關係，讓家庭多一些和睦。那麼婆媳間該如何溝通呢？

1. 以誠相待，尊敬有加

孝敬父母是子女應盡的責任。對待父母如此，對待公婆也是同樣的道理。婆媳是長輩，做兒媳的要與婆婆以誠相待，不僅要在言語上關心婆婆，還要在日常行為上表現出來。

有些家庭，兒媳婦當家作主，就更不能把婆婆當成多餘的人，不把她當回事，在言語中不能有絲毫的怠慢和不恭。否則不僅對方不能接受，矛盾也會日益激化，還會在社會上引起不良影響。

如果婆婆年紀已高，身體又不好，那麼兒媳在平時說話做事時更應給予關心和照顧，千萬不能有嫌棄的想法。只要兒媳婦對婆婆好一些，那麼沒有哪個婆婆願意與你爭吵的。

2. 彼此互信，增加理解

作為兒媳婦要學會善解人意，凡事都要站在婆婆的角度去思考，不要只為自己打算，對婆婆的話產生不當的想法，甚至懷疑她的動機。閒下來的時候不妨與婆婆坐下來好好溝通一番，使彼此間增加一分信任，多一些理解。反之，婆婆也應如此。這樣，婆媳間的許多矛盾就可避免。

3. 甜言蜜語，促進團結

有些兒媳，在自己母親面前可以說個不停，與婆婆卻無話可說，兩人之間總感到彆扭。要改變這種狀況，你需學會主動熱情，在婆婆耳邊多說點甜言蜜語。尤其以下幾點更是不能少。

1. 「媽」字不能太吝嗇：兒媳的一聲「媽」，能給婆婆帶來無限溫暖。有些兒媳婦惜字如金，「媽」字從不輕易說出口。但也有一些兒媳，卻學孩子

的口氣，稱婆婆為「孩子他奶」。一些與婆婆分居的兒媳婦，大部分走進婆家門時叫一聲「媽」，出門辭別時說一聲「媽，我走了」，僅此兩聲，雖有禮貌，但卻感到生分。如果能把拉家常和稱呼連接在一起，效果就會大有不同。

2. **溝通不可少**：有些老年人社會交際少，在家養尊處優，整天把自己禁錮在一個小範圍內，他們很想知道家門以外的一些新鮮事。聰明的兒媳就會藉此機會與婆婆溝通，掌握婆婆的心理，為處理婆媳間的關係打下堅實的基礎。

讓溝通代替猜疑，讓愛在信任中長久

《呂氏春秋》中「疑人偷斧」的寓言，對猜疑心理做了生動形象的描繪，大意是：有個人丟了一把斧頭。他懷疑是鄰居家的孩子偷的，就偷偷注意那個孩子。他看那個孩子走路的姿勢，臉上的神情及說話的語氣，都像極偷了斧頭的樣子。總之，在他的眼睛裡，那個孩子的一舉一動都像是偷斧頭的賊。過了幾天，他在刨土坑的時候，找到了那把斧頭。原來是他自己遺忘在土坑裡了。從此以後，他再看鄰居家那個孩子，一舉一動絲毫也不像偷過斧頭的樣子了。

可見疑神疑鬼的瞎猜疑，容易束縛人的思維，讓人無中生有、捕風捉影、做出錯誤的判斷，既傷人又傷己，是人際關係的蛀蟲，更是婚姻中的隱形殺手。

在電影《畫皮》裡面，陳坤塑造的是一個極品男人王生，當小薇在他面前褪去衣服時，當小薇說我只要你的一夜時，當小薇說我不要你負任何責

任，愛你就給你時。他用一個男人的道德底線堅守了對愛情應該有的忠貞。可不巧的是，這一切被他的妻子佩蓉撞見，佩蓉對於穿著睡衣的丈夫深夜出現在小薇房中很震驚也很傷心，最終她決定收小薇為妾。而她的大度卻換來了丈夫王生的憤怒：你始終不相信我能夠做到！

這句台詞很震撼。信任是愛情的底線，也是婚姻中最堅強的力量。可是要相信多麼困難？畢竟是你親眼所見了那不堪的一幕。可是婚姻裡如若沒有了信任，那還能走下去嗎？

信任是幸福與婚姻的一個重要成分。只有彼此以誠相待，以心換心，相互信任，才能使婚姻生活更加幸福和美滿。夫妻間的信任建立在彼此了解的基礎上，而有效的溝通則能使夫妻雙方多一份信任。如果夫妻間出現了疑問，不能進行有效的溝通，而是某一個人針對某一點暗自猜測，則很容易陷入思維的高牆，弄得草木皆兵，疑來疑去疑出了真鬼。

比如：一位妻子懷疑丈夫有外遇，只要丈夫打電話來說「晚上要和客戶在外吃飯」或「加班」，她就會開車到丈夫公司附近查看究竟。平時還會偷偷查看丈夫的通話記錄，還按照小報上登的廣告，買了竊聽器。甚至還申請了一個 LINE 帳號「色誘」丈夫，以探其是否有外遇……她簡直就變成了一個私家偵探，變得多疑，脾氣也越來越不好。

最後，丈夫被妻子這種處處神經質、捕風捉影的行為弄得真有了外遇。丈夫說：「有外遇和沒外遇的待遇是一樣的，那為何不找個外遇尋求一下刺激呢！」

在某種程度上，猜疑是阻礙婚姻幸福的殺手，有人曾提出過「猜疑＝自毀婚姻」的公式。因為猜疑心重的人習慣於以自己掌握得不全面甚至毫無事實根據的資訊，主觀臆斷的推測，去懷疑別人的言行，做出不正確的判斷。

夫妻雙方如果沒有了最起碼的信任，而整天疑神疑鬼，無異於把自己的婚姻推向死亡。就像莎士比亞《奧賽羅》的主人翁奧賽羅，因為發現自己第一次送給苔絲狄蒙娜的禮物 —— 一方繡著草莓花樣的手帕在另一個男子的屋裡，便斷定妻子「人盡可夫的娼婦」。在讒言的挑撥下，猜疑之火遮蔽了他的雙眼，狂怒中的他親手殺死美麗、貞潔的妻子苔絲狄蒙娜，釀成了千古悲劇。所以，要想擁有美滿的婚姻必須讓猜疑從你身邊走開。可以說，克服猜疑心理、保持健康心態對於維護家庭的幸福十分重要。具體該如何做呢？

第一，要寬以待人。寬容是夫妻關係的堅實基礎。有了寬容，相互間才能真誠相待，才有信任。

第二，不同於固定思維。夫妻間一旦出現猜疑，應避免設定假想目標，而要多想想幾種可能。

第三，真誠的溝通。夫妻間在產生懷疑時應平心靜氣、誠心誠意的讀一讀，這對於融洽關係、加深感情是有利的。

第四，加強控制。當發現對方有某些可疑行為背著自己時，最重要的就是讓理智控制情緒，防止由於一時衝動做出不理智的行為而留下遺憾，以致抱憾終生。

夫妻會吵，才能越吵越親

夫妻吵架可以，但一定要把握好原則和分寸，不要說過火的話和侮辱性的語言，無論吵架因誰而起，任何一方都要有勇氣承認錯誤，偶爾讓對方得意一回。這些並不能影響你在對方心中的形象，反而會讓對方覺得你更可愛。所以，夫妻吵架可能有益親密關係，但重點是，要懂得其中奧妙，善於

處理爭執，可以讓兩人關係更親密穩固，處理得不好，則不免導致關係破裂。怎樣才能做到這一點呢？

1. 允許對方偶爾生氣

如果你認為彼此間愛慕的一對夫婦也不免會有嫉妒、煩惱和生氣的事情發生的話，那麼當這些情緒來臨時，你就不會驚慌失措，因為這並不意味著他或她已經沒有感情了。也許你的配偶是因為上司的緣故而情緒低落，沒有向你表示纏綿之情，但即使這暫時的不快不是你的過錯，你也應該問：「親愛的，我做了什麼事惹你生氣了嗎？」如果回答是否定的，你可以再問：「那麼，我能為你分憂嗎？」如果對方不需要，你就不必打擾。要知道，這些問候是你給予的最好的安慰。

2. 以冷對熱

以冷對熱的關鍵，就是你吵我不聽。在一方感情激動、控制不住自己的時候，任他發火，任他暴跳如雷，不去理睬他。俗話說：「一隻巴掌拍不響。」一個人吵是吵不起來的，等他情緒平和以後，再和他慢慢說理，他就容易接受。

3. 說話要有分寸

即使忍不住爭吵，說話也要有分寸，不能說絕情話，不能譏笑對方的某些缺陷或揭對方的「傷疤」，更不能在一時氣憤之下，破口大罵，不計後果。

絕情話最傷人心。一對小夫妻常為一些小事拌嘴，一旦拌嘴，妻子就說：「結婚之後，你做過一件讓我高興的事嗎？沒有！」難道丈夫真的就沒有

做過一件讓她高興的事嗎？很顯然，這種說法是不成立的。丈夫聽到這句不公平的話後，很不服氣，於是戰事進一步升級，本來是雞毛蒜皮的小事，最後可能搞得不可收拾。如果把這句話改為「結婚之後，你做了很多讓我不滿意的事，你是不是也該好好想想了？」也許會出現截然不同的效果。

4. 就事論事

為了哪件事吵，把事情談清楚就行了，不要「翻舊帳」，也不要無限擴大。不要隨便給對方扣什麼「自私」、「不可救藥」、「卑鄙無恥」等帽子，否則，就把事情搞得太嚴重了。另外，對事情也切忌擴大化，如果從這件事又提及以前的事，從對配偶不滿又牽扯到他的父母兄弟姐妹身上去，就會把事情搞得越來越複雜。

5. 主動退出

夫妻吵架無輸贏之分，孰是孰非不可能涇渭分明。有時只不過是做某一個「選擇」，而這個「選擇」往往來自某一方的讓步。

不少夫妻在爭吵過程中總有一種心理，就是都要以自己「有理」來壓服對方，結果誰也不服誰，反而越說越有氣。其實，夫妻之間的爭吵，一般沒有什麼原則問題，許多是是非非糾纏在一起，也不易分清，特別是在頭腦發熱、情緒激動時更不易講清。如果爭吵到了一定時辰和一定程度，發現這樣下去還不能解決問題，那麼有一方就要及時剎車，並提示對方休戰了。這並不是屈服、投降，而是表示冷靜、理智。比如可以用幽默打破僵局，或者乾脆嚴肅的說：「我們暫停吧！這麼吵也解決不了問題，大家冷靜點，以後再說。」之後，任憑對方再說什麼，也不要再搭腔。

第十章　情誼至上，友誼地久天長

　　千里難尋是朋友，朋友多了路好走。在每個人的成長過程中，都有朋友的相伴，也會繼續認識新的朋友。而朋友相交，溝通很重要。溝通好了，在你遇到困難時，朋友就會伸出援助之手；溝通不好，你不僅會容易失去友誼，甚至可能很難再交到朋友。

直言有分寸，忠言不逆耳

「直言直語」是人性中一種很可愛，很值得大家珍惜的特質，因為唯有這種直言直語的人，才能讓是非得以分明，讓正義邪惡得以分明，讓美和醜得以分明，讓人的優缺點得以分明。只是在人際社交中，「直言直語」卻給這種性格的人以致命的傷害。

喜歡「直言直語」的人說話時常只看到現象或問題，也時常只考慮到自己的「不吐不快」，而不去考慮旁人的立場、觀念、性格。他的話有可能是一派胡言，也有可能鞭辟入裡；一派胡言的「直言直語」對方明知，卻又不好發作，只好悶在心裡；鞭辟入裡的「直言直語」則直指核心，讓當事人不得不啟動自衛系統，若招架不住，恐怕就會懷恨在心。因此，直言直語不論是對人或對事都會讓人受不了，於是人際關係就出現了障礙。

而且喜歡直言直語的人一般都具有「正義傾向」的性格，言語的爆發力、殺傷力很強，所以有時候這種人會變成別人利用的對象，鼓動你去揭發某事的不法，去攻擊某人的不公。不管成效如何，這種人總要成為犧牲品、成為別人的眼中釘、被排名第一的報復對象。

《呻吟語》中說：「指責他人之過，需要稍作保留。不要直接的攻訐，最好採用委婉暗示的比喻，使對方自然的領悟，切忌露骨直言。」又說：「即使是父子關係，有時挨了父親的罵，也會無法忍受而頂嘴，更何況是別人呢！」父子有血緣關係，無論如何不能割捨，但無血緣的就不這樣了，偏激的言辭很可能會斷送你們的關係。

因為一般人都易受感情支配，即使內心有理性的認識，仍易受反感情緒的影響而難以聽進理性的忠言。因此，僅有為別人著想的良好願望還不行，

批評還需要有技巧。

其實，生活中很多的批評不一定要透過「批」才能達到效果，真正的批評，既能激發一個人靈魂深處的自省和自救，又能讓他在自我悔悟的過程中得到昇華。我們只有巧妙的運用批評，才能打開犯錯者緊閉的心扉，使之幡然悔悟，使之改過自新，使之「去人之短」。

那麼，我們在「批」別人時如何做才能達到更好的效果呢？

1. 照顧對方的情緒，取得對方的信任

這是使批評達到預期效果的第一步。「心直口快」作為人的一種性格來說，在某些方面的確可展現出它的優點，但在批評他人時，「心直口快」者往往不能體諒對方的情緒，圖一時「嘴痛快」，隨口而出，過後又把說過的話忘了，而被批評者的心理上卻已經因此蒙上了一層陰影，也失去了對批評者的信任。所以你在批評他人時，不妨試著從對方的角度來看問題，設身處地設身處地的站在對方的立場考慮一下，自己是否能接受得了這種批評。如果所批評的話自己聽來都有些生硬、有些憤憤不平，那麼就該檢討一下自己在措辭方面有何要修改之處。

另外，批評者在進行批評時也要考慮場合問題。不注意場合的亂批評，任何人都不會願意接受的。

2. 誠懇而友好的態度

批評是一個敏感的話題，哪怕是輕微的批評，都不會像讚揚那樣使人感到舒暢。而且，被批評的對象一般總是用挑剔或敵對的態度來對待批評者。所以，如果批評者態度不誠懇，或居高臨下，或冷峻生硬，反而會引發矛

盾，產生對立情緒，使批評陷入僵局。

因此，批評者必須注意態度，誠懇而友好的態度就像一劑潤滑劑，往往能使摩擦減少，距離拉近，從而使批評達到預期效果。

3. 用含蓄的批評來激勵對方

英國 18 世紀著名評論家約瑟·亞迪森曾說：「真正懂得批評的人看重的是正，而不是誤。」這裡所說的「正」，實際上就是隱惡揚善，從正面來加以鼓勵，也就是一種含蓄的批評，能使批評對象有意識的改正自己的錯誤和缺點。從正面鼓勵對方改正缺點、錯誤的間接批評方法，比直接批評效果會更快、更好。因為這種批評辦法更易於被對方所接受，從而產生良好的效果。

當然了，要想批評達到最好的效果很重要的一點就是不能傷害對方的自尊。因為人都是有自尊心和榮譽感的，一旦批評者傷害到了被批者的自尊，那麼你即使搬出所有柏拉圖或康德的邏輯也無濟於事。特別是當你指出別人的錯誤時，你一個蔑視的眼視、一種不滿的語調、一個不耐煩的手勢……都有可能帶來難堪的後果。你以為他會同意你所指出的嗎？不，絕對不會，因為你否定了他的智慧的判斷力，打擊了他的榮耀和自尊心，同時還傷害了他的感情。

總之，無論你的意見多麼正確，多麼高尚，都要以極大的同情心，來對待有錯誤和缺點的人，體諒他們造成這種局面的各種不利條件。只有這樣，你才能與人接近，你的態度才能像和風及細雨一樣，滋潤別人的心田，洗淨別人的眼睛，啟迪別人的心靈。但我們也要清醒的認識到，這種同情是一種幫助、教育人的方式，而不是目的。因此，你在思想上仍要有鮮明的是非分界線。你的同情，並不等於你同意對方的所作所為。

朋友間有了分歧怎麼辦

蕭伯納說：「檢驗一個男人或一個女人的素養，就是看他們在吵架時的表現。」我想若檢驗一個人的素養，就看他與朋友發生分歧時的態度。

朋友相處，時間久了總難免有些摩擦，每個人都有自己的脾氣，分歧偶爾光顧一下，並不是壞事。如果不是期望透過分歧來存心貶低對方、使對方難堪，而是在某個具體的問題上各持己見，爭執不下，那麼這樣的分歧，不僅不會造成當事人雙方的敵對和仇視，反而有利於問題的充分溝通和解決。

然而，現實中分歧卻不是這樣，有了分歧的人往往會因此怨憤難平。有的放在臉上，見了對方如同陌生人甚至仇人；有的雖然表面上平靜，其實就像將整個棗子吞入肚中，這種子已深埋在心底。這耿耿於懷的情緒或怨恨的核子經過相當長時間潛伏，遇到適當的氣候，還會發芽……

可以說，朋友之間有了分歧若處理不好，就會造成友情斷絕，甚至反目相對。但若處理及時妥善，就會盡釋前嫌，和好如初。那麼朋友間有了分歧時該如何做，才能不傷和氣，達到「度盡劫波兄弟在，相逢一笑泯恩仇」呢？

1. 與朋友發生爭論時

與朋友發生爭論時正確的態度應該是「求同存異」。馬克思和恩格斯爭論問題就是這樣。當時法國科學家比·特雷莫寫了一本書，馬克思認為「很好」。恩格斯卻認為「沒有任何價值」，透過反覆、尖銳而又友好的爭論，馬克思終於接受了恩格斯的看法；而對另外一些問題，則持保留態度。這樣求同存異，使各自的意見都向真理前進了一步。

無論怎樣都不要正面衝突，使爭論以緩和方式進行，正面衝突容易讓雙

方都下不了台，由爭論變為爭吵，甚至升級為打罵也是有可能的。

如果朋友間出現爭論，必須持這樣的態度：原則問題可以爭論，細枝末節的東西大可不必爭個「你死我活」。這樣，在你和朋友間出現爭論的機會就少得多。

2. 與朋友發生分歧時

朋友之間有時見解殊離，甚至對立，這也是很正常的事情，觀點不是義氣，觀點可以爭辯，但義氣是容不得爭辯的。所以，朋友間發生分歧時，觀點疏離了，感情卻不能疏離。

1. **繼續保持忠誠和信任**：不要因為雙方存在分歧而詆毀朋友，甚至在某些場合還要維護朋友的威信、觀點，幫他說話。要依然相信朋友的優良品德。

2. **暫時拉開距離**：盡量使雙方的分歧處在一個「冷凍」狀態，讓時間和事實來證明誰是正確的，誰是錯誤的。避免分歧繼續擴大。

3. **保持平等和尊重**：不要固執的認為你是對的而他是錯的，朋友之間沒有高低之分，如果你持自己百分之百正確的態度，即使對方的確錯了，他也會感覺你對他不夠尊重，而產生反向心理，「錯了又怎麼了？」這是他很自然的反應。

4. **積極尋求解決之道**：時間越久，分歧的副作用越大。不要讓分歧一直成為屏障隔在兩人之間，要積極的想辦法來消除分歧，達成共識。

5. **與朋友關係鬧僵時**：建立朋友關係不易，不能因為一點小彆扭，就破壞這層關係。處理好了，說明你們之間的友情能經得起風雨考驗。與朋友

鬧僵時，可採取以下一些對策：

（1）保持冷靜

讓自己激動的情緒穩定下來。只有冷靜才有可能理智，才能客觀的、實際的去修好。如果在氣頭上，就要暫時迴避一下，不要貿然行事。

（2）自我反省

實事求是的分析和對待自己在朋友關係上的責任，不推諉，不放大，有一是一，有二是二，對的堅持，錯的改正。特別是對自己的缺點、錯誤和失誤不要得過且過、寬容和放縱。

（3）不翻舊帳

不論鬧僵的原因是什麼，予以諒解，不可在這些細節小事上爭個你輸我贏，不翻舊帳，不揭人短，要有「過去的事情就讓它過去吧」的氣概和度量。

（4）積極修好

一般說來鬧僵的責任往往是雙方的，自己應該主動承認錯誤，去與朋友和好。在朋友之間採取主動，不但不會失面子，反而顯得更為大度和寬容。同時，主動會使朋友感動，更加有利於對成見的消除，繼而捫心自問或自責，使重修舊好立見成效。

6. **與朋友發生經濟糾紛時**：一般說來，與朋友間特別是要好的朋友間盡量少些經濟上的往來，比如向朋友借錢，當還不了或不按約定時間還款時，肯定會影響今後的長期交往。但對一些本來就是透過經濟往來業務而建立的朋友關係，就難免不出現經濟糾紛，因此一定要謹慎。

（1）對症下藥

把產生糾紛的原因弄清楚，是朋友誤會了還是自己弄錯了。「親兄弟，

明算帳」，要把經濟往來的帳目全部向朋友交代清楚，讓他相信你並沒有隱瞞什麼。

（2）堅決按約定或合約做事

因為這是事先商定好的依據，堅持按此來解決糾紛，誰都不會有話說。

（3）共商解決辦法

朋友之間的糾紛，如果雙方坦誠相待，達成一致的解決辦法還是能做到的，所謂「朋友好商量」，只要你不存在欺詐，惡意使壞，是不難解決的。

（4）請求仲裁

當雙方無法達成解決意見時，只能訴諸仲裁機構或法院來按有關程序解決，但一般情況下不要採用這種辦法。

開玩笑有分寸，才不會失去「笑果」

生活中需要笑聲，朋友在一起時免不了要開玩笑。健康的玩笑，可以把工作和生活中的所見所聞，用風趣的語言和巧妙的方式說出來，讓大家皆大歡喜。但開玩笑沒有把握好尺度，難免造成雙方的難堪而失去「笑果」。

比如：一天，正在外地出差的李先生接到朋友的電話，朋友氣喘吁吁的說：「你媽出車禍了，已經被我送進了醫院，你趕快回來。」李先生放下手裡的工作，立刻急急忙忙趕回。回到家中，見老媽正在和一群牌友們玩得不亦樂乎，這時他才知道自己被朋友騙了。李先生立刻打電話給朋友，生氣的說：「你玩笑開得太超過了！」誰料朋友不但不對自己的行為道歉，反而說：「愚人節開玩笑很正常啊。」李先生聽後十分生氣，啪的一聲掛掉電話，此後再也不理會這位朋友。

又比如：假日，小呂陪著妻子一起逛街，遇到一位朋友，這位朋友平時愛開玩笑。他見到小呂後就故意問：「這位女士是誰啊？」小呂說：「是我妻子呀。」朋友又問道：「那你上次帶的那個女的是誰啊？」小呂的妻子一聽，生氣的說道：「沒想到啊，你還有外遇了，我要和你離婚。」說完甩袖而去。小呂趕緊追著去解釋，可是妻子說什麼也不信，一直鬧著離婚。最後，小呂的朋友親自過去向他的妻子解釋才平息了這場干戈。

熟悉的朋友之間常常會相互取樂，說話也不拘小節，開起玩笑來也沒分寸，結果造成了對方的反感，甚至是仇恨。就像故事中的李先生和小呂的朋友只是想開個玩笑，但卻由於沒有把握好分寸，不僅沒有達到「笑果」，還因此而使得彼此間的關係僵化。其實玩笑就像是調味料一般，如果濫用，味道過重，就會讓人難以下嚥，因此，我們在使用幽默技巧時也要掌握好分寸，否則結果便會適得其反。

那麼在開玩笑時，我們應該遵守些什麼「規則」呢？

1. 內容要高雅

笑話的內容取決於開玩笑者的思想情趣與文化修養。內容健康、格調高雅的笑料，不僅給對方啟迪和精神的享受，也是對自己美好形象的有力塑造。鋼琴家波奇一次演出時，發現全場有一半座位空著，他幽默的對聽眾說：「朋友們，我發現這個都市的人們都很有錢，我看到你們每個人都買了兩三個座位的票。」於是這半屋子聽眾放聲大笑，波奇無傷大雅的玩笑使他吸引了更多的觀眾。

2. 態度要友善

與人為善，是開玩笑的一個原則。開玩笑的過程，是感情互相交流傳遞的過程，如果借著開玩笑對別人冷嘲熱諷，發洩內心厭惡、不滿的感情，那麼除非是傻瓜才識不破。也許有些人不如你口齒伶俐，表面上你占到上風，但別人會認為你不尊重他人，從而不願與你交往。

3. 行為要適度

開玩笑除了可借助語言外，有時也可以透過行為動作來逗別人發笑。一對朋友感情向來不錯，而且在一起時總有開不完的玩笑。一天，兩人在湖邊散步時，一位說道：「哎，真受不了夏天的熱。」這時另一位看著湖裡波光粼粼的水面說道：「嗯，是夠熱的，要不要我把你推到湖裡涼快涼快啊！」說完便一把把朋友推到了湖裡。儘管湖水不是很深，但由於朋友不諳水性，等到救上來時，早已沒了呼吸。可見，玩笑千萬不能開過度。

4. 對象要區別

同樣一個玩笑，能對甲開，不一定能對乙開。人的身分、性格、心情不同，對玩笑的承受能力也不同。

一般來說，對方性格外向，能寬容忍耐，玩笑稍微過大也能得到諒解。對方性格內向、嚴謹，開玩笑就應慎重。對方儘管平時生性開朗，但正好碰上不愉快或傷心事，就不能隨便開玩笑。相反，對方性格內向，但正好喜事臨門，此時與他開個小玩笑，效果會出乎意料的好。

總之，與人溝通，開個得體的玩笑，不僅可以活躍氣氛，創造出一個適於交流的輕鬆愉快的氛圍。因而詼諧的人常能受到人們的歡迎與喜愛。但

是，開玩笑一定要掌握好分寸，否則開過了火，就會適得其反，傷害感情。

勇於道歉，友誼之樹才能常青

人非聖賢，孰能無過。朋友相處難免會說錯話，做錯事。倘若發現自己錯了，能真誠的向對方道歉，那麼友誼之樹才會常青；倘若明知自己有錯，還千方百計的為自己找藉口辯解，或者是為了面子不願向朋友道歉，那一定不會得到對方的諒解和尊重，而你們的友誼也會因此而變得岌岌可危。

其實，道歉的必要性貫穿於所有的人類關係中。婚姻、育兒、戀愛和工作都需要道歉。沒有道歉，憤怒就會積聚，並會促使我們尋求公正。如同我們看到的，當公正不能唾手可得時，我們經常會選擇私下處理，對冒犯我們的人進行報復。憤怒因此而升級並可能以暴力收場。

可以說，在完美的世界裡，人們不需要道歉。可是現實世界並不完美，因此我們不能沒有道歉。道歉是真摯和誠意的表現，它不僅可以彌補朋友間感情上的裂縫，而且還可以增進友情。

也有人認為，朋友之間無須道歉。其實不然，一句道歉往往能讓朋友感到對他的尊重，並促進友誼。道歉就是要為我們的行為負責，並對被冒犯者做出補償。真正的道歉能夠實現寬恕與和解，繼續發展雙方之間的關係；沒有道歉，冒犯橫在中間，損毀了雙方的關係。樂於道歉、寬恕與和解，常常是良好關係的標誌。很多關係冷漠而又疏遠，就是因為我們拒不道歉的結果。

美國公關專家蘇珊亞曾說：「學會道歉是一個重要的社會技能，真誠的道歉將會使人們感受到人與人之間最美好的情感。」而且道歉也並不難，關於

敢於承認自己的過錯，著名的美國口才大師卡內基說過：「向別人道歉是件比較容易的事，只要你向別人真誠的道歉，那麼同樣可以運用交際口才，得到朋友的依賴和他人的尊重。」所以，我們要學會真誠的向別人道歉。那麼怎樣才能做到真誠的道歉呢？應該做到以下幾點：

首先，要有一個正確的態度。只有態度誠懇，人們才會接受你的道歉。如果你只是迫不得已，敷衍了事，那麼道歉就不會達到好的效果。語氣一定要真摯，在道歉的時候，一定要用真摯的語氣，誠摯的態度。只有這樣，才能夠得到別人的諒解。一位學者曾經說過：「在我最初的記憶中，母親對我講過，在向人道歉的時候，眼睛不要看著地上，要抬起頭，看著對方的眼睛。這樣對方才相信你是真誠的。」道歉必須直率，要有誠意，能夠坦率的說：「對不起，我錯了，請原諒！」

其次，道歉要堂堂正正，不能躲躲閃閃。道歉是一種光明正大的事情，所以沒必要躲躲閃閃，羞羞答答。但是也沒必要誇大其詞，一味往自己臉上抹黑，這樣別人不僅感受不到你的真誠，反而會覺得你很虛偽。

道歉一定要及時。即使不能夠馬上道歉，日後也要找準時機及時表示自己的歉意。及時道歉，可以在基本上彌補自己言行不當而帶來的不良後果。

道歉，是要向對方表達出我們內心深處真誠的歉意。但是歉意的表達並不是僅僅一句「對不起」就能了結的，你必須是真誠的，而且也要有承擔責任的誠心和勇氣。道歉不僅不是一件丟臉的事情，真誠的道歉，會更能展現一個人良好的人品與修養。

溝通要有分寸，距離產生美

距離是人際關係的自然屬性。有著親密關係的兩個朋友也毫不例外，成為好朋友，只說明你們在某些方面具有共同的目標、愛好或見解以及心靈的溝通，但並不能說明你們之間是毫無間隙、融為一體的。任何事物都存在著其獨自的個性，事物的共通性存在於個性之中。共性是友誼的連接帶和潤滑劑，而個性和距離則是友誼相吸引並永久保持其生命力的根本所在。

正所謂，「金無足赤，人無完人」，過深的了解使你發現了對方人性自私甚至卑劣的一面。於是，瑕疵影子在你心靈裡衝突，少許的違背都使你特別在意。於是，被欺騙感和不忠實感使你對友誼產生了懷疑、冷淡和爭執，又將友誼根基動搖，再難恢復其原來的面貌。這時你會懊惱：是什麼破壞了相互間的距離美和朦朧美？

再說了，每個人都喜歡擁有自己的空間，擁有自己的祕密，有一些不希望別人知道的隱私，而這些在太過親密的朋友面前卻會暴露無遺，這會讓人覺得自己的安全區域受到了侵犯，漸漸的就會疏遠對方。

人與人之間過於接近，彼此的缺點就會暴露，彼此的摩擦也會增多，這樣爭吵的機會就會變得頻繁。所以朋友之間也需要保持一定的尺度，如果你越過了這個尺度，非但不能增加彼此的友誼，反而會傷害雙方，連朋友都做不成。因為毫無間隙的距離往往會降低彼此之間的尊重，破壞彼此之間的友誼。

那麼與朋友相交，怎樣才算是合適的距離呢？要避免哪些傷害朋友感情的做法呢？

185

1. 別拿愛情的標準衡量友誼

你不要希望你的朋友像妻子一樣專屬於你，愛情是越專一就越甜蜜，友誼則不一樣。我們生活在大千世界裡，友誼本來就是很多人的事，朋友多了苦惱會少，朋友少了苦惱會多。你應該看到這一點。你是這樣，你的朋友也是這樣。

健全的和不健全的友誼之間有一條細微的幾乎模糊不清的界線。有些人與朋友的關係惡化、令人失望或極其令人不滿，他們往往無法區分健全的和不健全的友誼。過度的依賴會損害你和朋友的關係，而且是雙方的。

人說夫妻要「相敬如賓」，如此自然可以琴瑟和諧，但因為夫妻太過接近，要彼此相敬如賓實在很不容易。而朋友之間卻可以做到，而要「相敬如賓」，「保持距離」便是最好的方法。

2. 想要控制朋友的想法是愚蠢的

親密的友誼，是在理解和讚揚聲中不斷成長的，是需要兩個人共同維護、共同認可的。有些人，他們不可抗拒、盛氣凌人。在與朋友的交往中，總喜歡對朋友指手畫腳，不管朋友的想法如何，都要求朋友按照自己的意願去做，而不照顧朋友的面子和感情，雖然你是為朋友的利益著想，但你的態度會讓朋友不樂意接受。作為朋友大家都是平等的，如果某一方面是被某種心理上的壓力所迫、被控制去做某事的，他就感覺很不舒服、很不愉快，一旦有一天這一方面無法忍受，你們的友誼有可能中斷。

1. **與朋友該淡則淡，該濃則濃**：處理好人與人之間的距離，莫不是處世的學問，而距離就在淡與濃之間，就看你如何去把握了。與朋友該淡則淡，該濃則濃，這才是交友的真諦。

何謂「濃淡相宜」？簡單的說，就是不要太過親密，一天到晚在一起。能「保持距離」就會產生「禮」，尊重對方，這「禮」便是防止對方碰撞而產生傷害的「海綿」。

2. 好友親密要有度，切不可自恃關係密切而無所顧忌：有個人家裡出了一點麻煩，可是他並不想讓別人介入這件事。可是，有個朋友一次到他家去，感覺氣氛不對頭，於是就不斷問：「怎麼回事？你家出什麼事了？」

這種「無微不至」的關懷，讓人不堪忍受！搞得朋友很厭煩。

朋友相交，重要的是雙方在感情上的相互理解和遇到困難時的互相幫助，而不是了解一些沒有必要的東西。親密過度，就可能發生質變，好比站得越高跌得越重，過密的關係一旦破裂，裂縫就會越來越大，好友勢必會成冤家仇敵。

而現實生活中，牢記這一點的人並不多，以密友相稱的人為了證明和朋友關係的親密，把當眾指責朋友、揭露朋友短處看做是一種證明的手段，往往導致友人的不滿。「朋友的形象是你們共同的旗幟，不論關係多麼親密，請你不要砍伐它。」

有些人自以為朋友和自己心心相印，說什麼他都不會計較，就對他當面訴說你對他本人的不滿。也許你的朋友並不像你想像的那麼大度，而很有可能記恨在心伺機暗中布設圈套陷害你。因此，你在坦言之前，最好是認真思考一下這樣做的後果，看對方是否能夠接受，是否會產生反向心理，是否感到你的行為過於輕率，是否會影響你們之間的友誼。如果你發現對方心胸比較狹窄，必須認真考慮對方有沒有實施報復行為的可能性。

距離並不是情感的隔閡，保持適當的距離可以讓友誼獲得新鮮的空氣。

交友時，要把握好交往過程中主客體間的空間距離、心理距離，要考慮到雙方彼此間的關係、客觀環境的因素，給對方一定的空間。

朋友溝通有禁忌

　　與朋友相處，很多人會有這樣的想法：認為朋友之間無須什麼繁文縟節，想怎麼來就怎麼來，想說什麼就說什麼。其實，再親密的朋友，也不能過於隨便，如果隨便過了頭，就會引起對方的不快，導致朋友關係疏遠，友誼的淡化甚至惡化。

　　正確的與朋友溝通，是加深友誼的根源。友誼是牢固的，也是脆弱的，經不起太多的風雨，需要你精心的呵護。要想與朋友保持牢固的友誼，千萬不要跳入溝通的禁區，觸犯了與朋友溝通的禁忌。

　　那麼在與朋友相交時我們應該避免哪些雷區，從而使朋友間保持長久的友誼呢？

1. 鋒芒畢露，顯示優越感

　　也許你的才學、相貌、家庭、前途等等令人羨慕，高出你朋友一頭，但是如果你不分場合，尤其與朋友在一起時，大露鋒芒，言談之中流露出優越感，會使朋友感到你在居高臨下對他說話，他的自尊心受到挫傷，會產生敬而遠之的念頭。所以，在與朋友交往時，要態度謙遜，虛懷若谷，把自己放在與人平等的地位，注意時時想到對方的存在。

2. 不分彼此，違背契約

朋友之間最不注意的是對朋友物品處理不慎，常以為「朋友間何分彼此」，對朋友之物，不經許可便擅自拿用，不加愛惜，有時遲還或不還，一次兩次礙於情面，不好意思指責，久而久之會使朋友認為你過於放肆，產生防範心理。所以你應該注重禮尚往來的規矩，要把珍重朋友之物看作如珍重友情一樣重要。

3. 乘人不備，強行索求

你事先不作通知，臨時登門提出所求，或不顧朋友是否情願，強行拉他與你同去參加某項活動，這都會使朋友感到左右為難。他如果已有活動安排，不便改變，就更難堪。若答應則打亂自己的計畫，若拒絕又在情面上過意不去。他心中肯定會認為你太霸道，不講道理。所以，你對朋友有求時，必須事先告知，採取商量口吻講話，要記住：人所不欲，勿施於人，己所不欲，勿施強求。

4. 不知時務，反應遲緩

當你上朋友家拜訪時，若遇上朋友正在讀書學習，或正在接待客人，或正和戀人相會，或準備外出等，你不顧時間場合，不看朋友臉色，一坐半天，誇誇其談，不管人家早已如坐針氈，極不耐煩。朋友一定會認為你太沒有教養，不知時務，以後就會想方設法躲避你，害怕你再打擾他的私生活。此時，你一定要反應迅速，稍稍寒暄幾句就識相告辭。

5. 用語尖刻，亂尋開心

據說某作家最怕人家問他：「你最愛吃什麼東西？」因為他最愛吃肥牛肉，吃火鍋時專撿肥牛肉吃；如果據實回答愛吃肥牛肉，對方多數會說：「怎麼喜歡吃那種怪東西？」「會不會妨礙健康？」等等，而那位作家則會生起一種不悅：「難道連想吃什麼東西的自由也沒有嗎？」

假如你在大庭廣眾面前，為顯示自己博學多才，或為譁眾取寵逗人一樂，或為表示與朋友之「親密」，亂用尖刻詞語，挖苦、嘲笑、諷刺朋友或旁人，大出其洋相以博人大笑，獲取一時之快意，竟不知會大傷和氣，使朋友感到人格受辱，認為你變得如此可恨可惡，後悔誤交了你。所以，朋友相處，尤其在眾人面前，應和藹相待，互敬互慕互尊，切勿亂開玩笑，用惡語傷人。

6. 喜歡爭論，動輒急躁

兩個人想法不一樣，是很正常，即使是再好的朋友，為人處世也會有差別，有爭論不稀奇，但與朋友爭論不宜急躁。急躁是傷害感情的暗箭。很可能贏得了一場辯論，卻輸掉了一個朋友。

7. 口無遮攔，曝友隱私

好朋友之間會聊些涉及個人隱私的話題，尋求幫助和安慰，這是一種信任，但切忌把朋友的隱私當眾曝光，那樣不僅僅會讓朋友難堪，也是背棄了朋友的信任。以後誰還敢和你做真心朋友？

8. 過於小氣，斤斤計較

　　如果你在和朋友的交往中，不出分文，唯恐吃虧；對朋友所饋慨然而受，自己卻一毛不拔，這會使朋友感到你視金如命，是個慳吝之人。所以朋友之交，過於拮据則顯得慳吝小氣，而慷慨大方則顯得豪爽大度，它會使友情牢固。

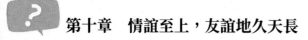

第十章　情誼至上，友誼地久天長

第十一章　生人變故交，就要和陌生人說話

　　生活中，「不要與陌生人說話」、「不要和陌生人交心」成為人們一種普遍的共識。但是要想生存就要不可避免的與陌生人打交道，陌生人是我們的財富和資源。每一個陌生人都有自己的一個生活圈子和人際關係網，而你與他的結識，就會拓展你的人脈網和生活圈子。因此，如何與陌生人溝通，如何把陌生人變成故交，是每個人都應學習和掌握的溝通藝術。

面對陌生人，話在心口難開

心理學的研究表示，陌生的地方會讓人產生一種不安全感，陌生的人會讓人產生一種距離感。和陌生人如何交談，是困擾著很多人的問題。很多人在面對陌生人的時候，不知該如何開口、不知道該說些什麼，怎麼去說，以至於面對陌生人的時候，經常會有些緊張，甚至是恐懼的感覺。其實很多人都會有此類的感覺，只是輕重程度不同而已。

因為陌生，就意味著自己對這個人的情況完全不了解，意味著很多危險因素的存在，意味著自己的安全區域要被打破。有這種擔心是必要的，但是也用不著過於緊張，畢竟我們交往的是人，而不是猛獸。

劉燁性格上有點內向，按理說，金融博士學位的他找份工作應該不難，可是應聘了好幾家公司都被婉拒。難道公司還拒絕能力好的人不成，當然不是，劉燁的專業能力確實沒話說，可問題是劉燁一與陌生人說話，大腦就不聽使喚，可以說，他有社交恐懼症。

就像應聘現場，看著眼前陌生的面試官司，他就會莫名的感到手足無措，渾身不自在，甚至不敢直視面試官。

面試官所提出的問題，對平時的他而言都是一些小 case，可是在面試現場，他的大腦自動陷入空白狀態。這樣一來導致的結果是面試屢屢敗北。

其實，問題的關鍵還在於劉燁的不敢勇於邁出與陌生人溝通的第一步。當然了，我們也可以透過「心理認知」來治療。就是讓患者透過回憶、與心理醫生交談及催眠治療等方式，找出引發心理障礙的確切原因，再據此對症下藥，進行「行為治療」。

「行為治療」就是根據患者的病因採用相對的心理對策，找到解決問題的

辦法，最終形成正常的社交思維習慣和模式。常用的治療方法有以下幾種：

1. **注意力集中法**：在與陌生人交往的過程中，不必過度關心自己給別人留下的印象，要知道自己不過是個小人物，除了你自己，沒有人會過於關心你。而且過於關心自己反而會讓你感到緊張和害怕，因此正確的做法是學會把注意力放在自己要做的事情上。

2. **兜頭一問法**：當心理過於緊張或焦慮時，不妨兜頭一問：再壞又能壞到哪裡去？最終我又能失去些什麼？最糟糕的結果又會是怎樣？大不了是再回到原起點，有什麼了不起！想通了這些，一切就會變得容易起來了。

3. **鐘擺法**：為了戰勝恐懼，心裡不妨這樣想：鐘擺要擺向這一邊，必須先往另一邊用力。我臉紅大不了紅得像個蘋果；我心跳有什麼了不起，我還想跳得比搖滾樂鼓點還快呢！結果呢，人們會發現實際情況遠沒有原先想像得那麼嚴重，於是注意力就被轉移到正題上了。

4. **系統減敏法**：如果面對自己愛戀的女孩子，可用循序漸進的方法克服心理障礙。第一步，先下決心看她的衣服；第二步，看她的臉蛋和眼睛；第三步向她笑一笑；第四步，當有朋友在身邊時主動與她說話；第五步，有勇氣單獨與她接觸。這種方法使一個原本看來很困難的社交行為變得容易起來，這種方法對輕度社交恐懼症一般有立竿見影的效果。

5. **做一些克服羞怯的運動**：例如：將兩腳平穩站立，然後輕輕把腳跟提起，堅持幾秒鐘後放下，每次反覆做 30 下。每天這樣做 3 次，可以消除心神不寧的感覺。

6. **手上不要閒著**：面對陌生人時，空無一物的手會讓人感覺沒地可放，總

覺得放哪都不合適。其實，不論是正式或非正式的場合，我們都可以在手裡握一個東西，比如一本書，一枝筆或其他小東西，這會給我們增加一種安全感。

7. **看著別人的眼睛說話**：對於生性害羞的人來說，說話時看著別人的眼神說話，顯得有些困難，尤其是剛開始的時候。但是在與人溝通時，看著別人的眼睛很重要。因為眼睛是心靈的窗戶，很多時候，僅僅有語言溝通是不夠的，我們還要透過眼睛向對方傳達一定的資訊。再說了，你和對方始終都應該處在平等的地位，為什麼不能拿出一點勇氣來，大膽而自信的看著別人呢？必要時甚至可以當成一場小遊戲：「我就這麼盯著他，看他怎麼樣！」

8. **話題早預備**：有時，社交場合的手足無措是因為擔心自己沒有合適的話題。針對這一欠缺，可以平時多注意新聞熱門的報導，累積一些話題，這樣在陌生人面前自然不會有無話可說的尷尬了。

9. **不要過於關心個人表現**：在與陌生人溝通時，應該將注意力從自己的表現轉移到如何能夠完成這項事情上來。要知道，大家關心的是事情本身，而不是你本人，除非你是大明星。所以，你只要把需要講的內容清清楚楚的表達出來就 OK。這樣，恐懼的心理就會被轉移。

只是希望與自己熟識的人生活、工作、學習，這是很多性格內向的人的普遍心理。但在現實生活中，這是不切實際的，隨著社會合作程度越來越高，我們不可避免的要去接觸越來越多的陌生人，社交能力越來越成為我們不可或缺的生存技能。很多事情只是憑藉熟人根本解決不了，還要借助陌生人的幫助。所以，對於陌生人，不僅不應該逃避，還要積極交往。

初次見面，巧用寒暄拉近關係

寒暄是交際中的潤滑劑，它能在陌生人之間鋪設一條友誼的橋梁。彼此的寒暄能產生認同心理，滿足雙方的親和要求。可以說，寒暄是人際社交中必要的一個環節。

兩人初次見面，彼此都不太了解，往往比較尷尬。這時不妨說一些寒暄的話，如：「天氣好像有點冷！」或者「最近忙什麼呢？」等。雖然這些寒暄並不重要，但是，正是這些話才使初次見面者免於尷尬的場景出現。

可以說，寒暄是正式交談的前奏，它的「調子」定得如何，直接影響著整個談話的過程。因此，對寒暄絕不能輕而視之。寒暄的時候有必要注意以下三點：

1. 應有主動熱情、誠實友善的態度

寒暄時選擇合適的方式、合適的語句是非常必要的，但這合適的方式、語句的表示，還有賴於主動熱情、誠實友善的態度。只有把這三者有機的結合起來，寒暄的目的才能達到。試想，當別人用冷冰冰的態度對你說「很高興見到你」時，你會有一種什麼樣的感覺？當別人用不屑一顧的態度誇獎你「我發現你很精明能幹」時，你又會作何感想？推己及人，我們寒暄時不能不注意態度。

2. 應適可而止，因勢利導

做任何事情都應有個「度」，寒暄也不例外。恰當適度的寒暄有益於打開談話的局面，但切忌沒完沒了，時間過長（當然，對方有興致聊時例外）。因

此，與人交談要善於從寒暄中找到契機，因勢利導，言歸正傳。

3. 善於選擇話題

一般來講，在寒暄時可以選擇以下的話題作為開始：

1. **天氣**。天氣幾乎是一般人最常用的普遍的話題。天氣對於生活的影響太大了，天氣很好，不妨同聲讚美；天氣太熱，也不妨交換一下彼此的苦惱；如果有什麼颱風、暴雨或是季節性流行病的消息，更值得拿出來談談，因為那是人人都關心的話題。

2. **自己鬧過的有些無傷大雅的笑話**。像買東西上當、語言上的誤會等。這一類的笑話，多數人都愛聽。開開自己的玩笑，除了能夠博人一笑之外，還會使人覺得你為人很隨和，很容易相處。

3. **醫療保健，這也是人人都感興趣的話題**。新發明的藥品，著名的醫生，對流行病的醫療護理，自己或親友養病的經驗，怎樣可以延年益壽，怎樣可以增強體質，怎樣可以減肥等等這一類的話題，也許純粹就是一家之言，但它能吸引人的注意力，而且也沒有什麼不好。特別在遇到朋友或其家人健康有問題的時候，假如你能向他提供有價值的意見，那他更是會對你非常感激的。

4. **轟動一時的社會新聞也是閒談的資料**。假使你有一些特有的新聞或特殊的意見和看法，那足可以把一批聽眾吸引在你的周圍。

5. **家庭問題**。關於每個家庭裡需要知道的各方面的知識，例如兒童教育、網路購物經驗、夫婦之間怎樣相處、親友之間的交際應酬、家庭布置等，也會使大多數人產生興趣，家庭主婦們尤其關心這類問題。

當然，除了以上幾點，還有許多作為閒談的資料。比如運動、娛樂、政治和宗教等等。總之，要想讓對方對你暢所欲言，首先就要營造出交流的氛圍，調動對方的情感，使對方的思維展開，這時人的心理才具有容納性。而透過寒暄，彼此之間可以有進一步的了解，也有利於找到共同的話題，進入更為深入的交談，拉近彼此的關係。

找對切入點，方能一見如故

美國著名記者阿迪斯·懷特曼說：「世界上沒有陌生人，只有還未認識的朋友。」一般人很難做到與陌生人一見如故，但如果你能，那麼你的朋友將會遍布各地，做事則會順暢無阻，如魚得水。反之，如果缺乏與初交者打交道的勇氣，不善於跟陌生人交談，那麼你就會在交際中處處碰壁，做事也會時時不順，如坐針氈，如登陡山。

其實，陌生人就好像一些「禮物盒」，事前完全不知道裡面有什麼。但陌生人引人入勝之處，就在於我們對他們一無所知，而同時，對方對我們也是如此。所以揣摩透對方的心理將會使你在人際社交中如魚得水。

和陌生人交談，首先要解決的問題便是盡快的熟悉對方，消除陌生感。你可以先自我介紹，再去請教他的姓名、職業等，然後試探性引出彼此都感興趣的話題。你可以透過對方的髮型、服飾、領帶、菸盒、打火機、隨身攜帶的手提包、說話的聲調以及眼神來了解他。

在我們身邊是否也經常發生類似的事情呢？如果遇到和自己一樣愛好運動，或者喜歡同一個歌手，你會不會立刻對他產生興趣？是的，我們通常會對與自己相近的人產生親切感，也能很快找到共同話題。

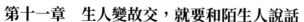

尋找共同點可以幫助陌生人之間很快找到聯繫，變得不再陌生，從而使氣氛變得融洽起來。尋找共同點不僅可以消除初次見面的尷尬和冷場，還可以讓陌生人迅速成為朋友，因為共同的愛好、興趣、品位等產生相見恨晚的感覺。這樣就走進了他（她）的內心世界，不僅可以順利的與他交談，還會因此多了一個生活中的朋友。

那麼當我們與素昧平生的陌生人打交道時，如何做才能「一見如故」呢？不妨從以下幾點入手：

1. **說好開場白**：初次見面的開場白，是留給對方的第一印象。說好說壞，關係重大。說開場白的原則是：親熱、貼心、消除陌生感。

2. **找出共同感興趣的話題**：說好開場白，僅僅是良好的開始。要談得有味，談得投機，談得融洽，雙方必須確立共同感興趣的話題。比如：一位小學教師和一名泥瓦匠，兩者似乎沒有投機之處。但是，如果這個泥瓦匠是一位小學生的家長，那麼，兩者可就如何教育孩子各抒己見，交流看法；如果這個小學教師正要蓋房或修房，那麼，兩者可就如何購買建築材料、選擇修造方案溝通資訊、切磋探討。只要雙方留意、試探，就不難發現彼此有對某一問題的相同觀點、某一方面共同的興趣愛好、某一類大家關心的事情。有些人在初識者面前感到拘謹難堪，就因為沒有發掘共同感興趣的話題。

3. **注意掌握對方的心理**：要使對方對你產生好感，留下深刻印象，還必須透過察言觀色，了解對方近期內最關心的問題，掌握其心理。例如：知道對方的子女今年考大學落榜，因而舉家不歡，你就應勸慰、開導對方，說說「榜上無名，腳下有路」的道理，舉些自學成才的實例。如果對方子女決定明年重考，而你又有自學、考大學的經驗，則可現身說

法，談談考大學複習需注意的地方，還可表示能提供一些較有價值的參考書。

4. **重視告別語的設計**：有了良好的開場，也要有良好的收場。「再會」之類的告別語千篇一律，太俗也太空，要努力設計能給對方留下深刻印象的告別語。如「祝您成功，恭候佳音！」良好的祝願會使對方受到鼓舞；「今天有幸結識您，願從此常來常往！」熱情洋溢的語言會使對方受到感染。

你給他的第一印象怎麼樣

自古就有「先入為主」這麼一說，而我們在與陌生人交往時，給人的第一印象就有這種效果。無論是別人看你還是你看別人，都是一樣。第一印象不好，以後想要在別人心目中改變對你的形象，就會很困難。

所謂第一印象，就是在短時間內以片面的資料為依據形成的印象。心理學研究發現，與一個人初次會面 45 分鐘內就能產生第一印象。這一最先的印象會對他人的社會知覺產生較強的影響，並且在對方的頭腦中形成並占據著主導地位。這種先入為主給人帶來的第一印象是鮮明的、強烈的、過目難忘的。

而且，第一印象是難以改變的。而第一印象主要是依靠性別、年齡、體態、姿勢、談吐、臉部表情、衣著打扮等判斷一個人的內在素養和個性特徵。因此在人際社交過程中，尤其是與別人初次交往時，一定要注意給別人留下美好的印象。與陌生人初次交談，一般而言，要掌握好以下三大點：

1. 表情友善

第一印象的好壞決定了初見時的第一眼感覺，而人與人初次見面時，表情就是決定印象好壞的最大因素。心理學認為，微笑是「接納、親切」的標誌。也就是說當你微笑時，等於告訴對方「我不會害你」、「我對你沒有敵意」等。但若第一次見面表情嚴肅，沒有一絲笑容，就易讓對方感到緊張，同時也會認為你在拒絕他，難與你親近。而嘴角上揚、連眼神也在笑的表情就是一種好感的表示。當你一直微笑看著對方時，就能消除對方的警戒心。

2. 著裝得體

服裝打扮也是形成第一印象的重要因素，我們能在一瞬間就斷定出這個人與那個人的差異，也能馬上感受到誰與自己是同類，一向對顏色敏感的人就會看對方的衣服顏色做出印象判定，對流行敏感的人則會對時髦感或服裝搭配來決定對方是哪類人，然後得出誰與自己是同類，誰與自己是異類的結論。若是感覺是同類，那自然也會產生親近感。

3. 姿勢準確

如果你以輕鬆的站姿面向對方，感覺容易親近。相反的，將手交叉於身後或雙手交叉抱於胸前，都會讓人有隔閡感。

你想給對方留下「親切的好印象」，還是「強烈深刻的印象」呢？你必須事先決定你要給你所碰到的人留下什麼樣的印象，然後每次與陌生人見面時，只要記住姿勢這個黃金法則，你就會發現，在陌生人面前，你會下意識的將現實中的你塑造成你想在陌生人眼裡出現的理想形象。

總之，第一印象在人際社交中有著非常重要的作用，倘若你給了對方糟

糕的第一印象時，就無事可做了嗎？當然不是，我們應該積極的利用以後的交往，來改觀第一次的糟糕形象。當然了，這必須要有足夠的耐心和恆心，同時也需要你加倍的付出，想辦法彌補。如此才能用積極和真誠打動對方，從而獲得對方的好感。

找對方法，打開對方的心扉

俗話說：「話多不如話好，話好不如話巧。」所謂話巧，就是能找到對方「動情處」，把話說到對方心裡去。與人交談，若能使對方產生思想上的共鳴，碰撞出激烈的火花，就表明你的話打動了對方，觸動了對方的心弦。這就能很容易的與對方建立起良好的交往關係。

「酒逢知己千杯少，話不投機半句多」，事實證明，很多人能夠成為朋友乃至生死至交，往往源於共同的愛好或志趣，而且雙方往往是一談之下，遂成知音；同樣，很多人雖然都是同道中人，卻由於愛好相左、性情相悖，不僅很難成為朋友，甚至會惡語相向，大打出手，到頭來工作、生活都大受影響。可見，共同的話題是促成雙方有效溝通的首要前提。

因此，與陌生人初次交談能否順利，關鍵在於能否找到自己與陌生人之間的共同點。從共同點入手，往往使談話更加順利、愉快。否則，便是四目相對、局促無言，不僅當時感覺尷尬，還會成為以後繼續交往的障礙。

那麼與陌生人相交時，如何說才能打開話匣子呢？以下方法可以借鑒：

1. **坦白自己的感受**：向對方坦白的說出你的感受。譬如：你可以說，「我是第一次參加這種大型的聚會」或「我不知道該講些什麼」。這樣總比自己顯得拘謹冷漠好得多。實踐也證明，最健談的人就是勇於向人坦白的。

2. **談談周圍的環境**：觀察周圍的環境，自然會找到話題。例如：有一次，一個陌生人審視周圍，然後打破沉默跟旁邊的人說道：在候車的這段時間可以看到人生百態。這就是很好的開場白，很容易讓對方產生交流下去的願望。

3. **以對方為話題**：人們往往千方百計的想讓別人注意自己，但大部人所表現的「成績」卻令人失望。因為人們一般不會關心你、我，只會關心自己。因此，以對方作為談話的開端，往往能令對方產生好感，且有交流下去的意願。

4. **提出問題**：許多難忘的談話都是由一個問題開始的，你可以問陌生人「你每天下班坐車方便嗎？」通常人們都會熱心的回答，而你們的話題也將由乘車問題延伸到其他。而對較內向、看來羞怯的人，你要多發問，幫助他把話題延續。

5. **認真傾聽**：溝通要投機，傾聽起著非常重要的作用。與剛認識的人交談時，應該看著他，並對他所講的話題有所反應，鼓勵他繼續說下去。很多交談無法延續下去，往往是因為他不能專心的傾聽對方說話，只是一味思考自己下一句該說些什麼。其實，一個健談的人同時也應該是一個善於傾聽的人。

6. **大膽互動**：要是你發現一個陌生人與你說話，他的眼神又穩定的凝視你時，不要因此而感到不好意思，甚至產生退縮的想法。你對別人好奇，別人也對你充滿了好奇，你能增加他們的生活情趣，他們也能增加你的生活情趣。但如果只由對方暢所欲言，而自己吝於付出，就無法達到雙向溝通的目的。

初交有分寸，再見並不難

與人交流，暢所欲言是不拘小節的表現，但若毫無顧忌的什麼都說，很容易引起別人的反感，使溝通難以進展下去，同時也關閉了再次溝通的門。

因此，與人交談，掌握好說話的分寸很重要。闖入他人的「禁區」是萬不可犯的錯誤，否則只會讓別人對你敬而遠之。

剛參加工作的小杜和另一部門的李麗被分派到外地去出差。等到上了火車，一切收拾妥當後，兩人便聊了起來。剛開始兩個人聊得挺愉快，可是不知為什麼，小杜問了一句：「你今年多大了呢？」

不料李麗答非所問的予以搪塞：「你猜猜看？」

小杜覺得沒趣，轉而又問：「到了你這個歲數，孩子也該上小學了吧？」

這一回，李麗的反應更令小杜出乎意料，對方居然轉過頭去，再也不理會她了。一直到出差結束，兩人之間除了工作上的事外沒再聊過。等到了公司一了解，小杜才知道，李麗是公司裡的剩女，她最忌諱的就是別人問她的年齡和結婚問題。

可見，與初次見面的人溝通要把握好分寸，如此才能使你們的交談更為愉快，使彼此萌生出一種企求能再次交談的欲望。那麼，在與陌生人交談時應注意哪些方面呢？

1. **不要議論別人的短處**：與陌生人在初次交談時，提及自己和對方都很熟悉的第三者，這對縮短兩人之間的距離是一種好辦法。但是，此時千萬不要談論第三者的短處，因為這會給對方留下不好的印象，會擔心你背後也許會議論他的短處，從而對你採取戒備心理。

2. **沒有調查就沒有發言權，不要人云亦云**：如果人家說東，你就說東，人家說西，你也跟著說西。這樣會失去別人對你的信任，同時，也展現了你自己沒有主見。

3. **不要學老王賣瓜自賣自誇**：一句自賣自誇的話，往往是一顆醜惡的種子，一旦由你口中播入他人的心田，便會滋長出令人生厭的幼芽。所以，和陌生人初次交往時，應該保持謙遜的態度。

4. **不要囉哩囉唆**：「一鍋豆腐磨不完，囉哩囉唆招人煩。」如果你總是拿一件事情翻來覆去的說，會使人感覺乏味。一個詞、一件事不管多麼新鮮誘人，若出現過多，就會大失光彩。

5. **不要急於告辭**：在雙方談話進行得興高采烈、生動活潑的時候，你提出告辭是比較適宜的。而且應選擇自己講完話時，這樣做，既可以省時間，又可使對方的留戀之情油然而生，萌生起一種企求能再次見面的欲望。

第十二章　如何說孩子才會聽，
　　　　　怎麼聽孩子才會說

　　在家庭教育中，溝通問題占了很大的比例。從某種意義上說，溝通失效，家庭教育也就出現了問題。親子關係之間溝通不暢，家長不能準確的傳達出自己的教育資訊，孩子無法理解和接受家長的觀點和做法。這樣無論家長出於多麼良好的動機，幫孩子制定了多麼好的目標，最後還是無法達成願望。所以，懂得如何說孩子才會聽，怎麼聽孩子才會說是所有父母都應必須學會的溝通之法。

溝通，是維繫親子關係的基礎

在說親子溝通之前，我們先來問家長們以下幾個問題：

1. 孩子最喜歡穿什麼顏色的衣服？
2. 誰是你孩子心目中的英雄？
3. 孩子在學校裡的綽號是什麼？
4. 孩子最喜歡的音樂或歌曲是哪一首？
5. 孩子最喜歡的讀物是哪一本？
6. 孩子長大想做什麼？
7. 孩子最喜歡哪個老師，為什麼？
8. 家庭之外誰對孩子最有影響？
9. 孩子在學校是否受歡迎？
10. 什麼是孩子最寶貴的物品？

如果以上問題中，作為家長的你能回答對八個或八個以上，那麼恭喜你，這說明你與孩子間的溝通不錯。你若是看到這些問題，一問三不知的家長，那麼你就該開始反省了。

曾經有一個 12 歲的小女孩，她的成績在班裡總是名列前茅。但這個僅僅小學五年級的孩子，卻在一個黎明從高樓跳下。

她曾多次說過想自殺，但家長和學校都沒有在意過這個危險的訊號。也許是她自述死亡的次數太多了。臨自殺的前半夜裡，她從自己的房間裡跑出來，敲父母臥房的門，說頭痛、肚子痛，然後再一次睡到了母親的床上。這是許久以來不曾有過的事情了。母親以為她念書累了，勸她休息一天。這時

候她流露出想死的念頭。她說：「我不是為我自己死，我是為全班的 50 名同學，我的死可以促使全班同學考試成績變好。」

母親聽過很多次類似這樣的話，也沒當一回事，早早動身去上班了。不過在臨走的時候，還是叮囑了做父親的有時間去學校問問女兒的情況。

但是女兒沒有再給他們時間。

我想，如果她的母親能在她第一次流露出想自殺的念頭時給予足夠的重視，如果她與孩子有良好的溝通，那麼這一悲劇將可避免。可見，父母能否和孩子進行良好、有效的溝通，對孩子的成長至關重要。親子溝通能在父母與孩子之間搭起一座橋梁，使他們相互了解，相互尊重。能使父母和孩子之間形成融洽、輕鬆、和諧的親子關係，有利於孩子的健康成長。

透過良好的溝通，父母能及時幫助孩子解決心理上出現的各種問題，使孩子的心理健康有了保障，從而有利於培養孩子快樂、健全的人格。親子溝通還能讓孩子感受到父母對他的關愛，獲得上進的力量源泉，從而促進學業的進步。可以說，溝通是做父母的應學會的一門藝術。

當然了，溝通也應講究方式方法，否則不僅不會達到溝通的目的，還會使事情變得更為糟糕。比如：

孩子：媽媽，這裡好熱！

媽媽：這裡冷，穿上毛衣。

孩子：不，我熱。

媽媽：我說過了「穿上毛衣！」

孩子：不，我熱。

大家看出問題來了嗎？本來只是一個簡單的穿衣服問題，卻因為溝通方

法不對，最終演變成了爭吵。所以，作為父母，我們不僅要跟孩子溝通，還要會溝通，如此才能達到我們想要的結果。

在這裡我提供父母和孩子溝通的要點：

1. 當孩子向你談他感興趣的問題時，要集中注意力聽，不要似聽非聽，或者一邊做其他事一邊聽。如果正在做十分緊急的事，不妨跟孩子先說一聲，取得孩子的諒解。

2. 即使一開始就不同意孩子的意見，也要耐心的聽完，充分了解他的看法。要以變換意見的方式發表自己的看法，不要嘮叨說教而不考慮孩子的意見。

3. 用尊重不是教訓的語氣發言。尊重孩子會使孩子也尊重你，教訓常常帶來反感和對立，只會產生相反的效果。

4. 父母要正視孩子自我意識的成長和認識能力的提高，指導、幫助孩子正確認識自己所處年齡階段的生理、心理特點，明確指出他們自身尚存的幼稚性、依賴性和認識上的片面性。

5. 家裡的事也可以徵求孩子的意見，如果他的意見合理或與大人的意見一致，就以他的意見做出決定，這樣可以增加他的參與感和責任感，從而促進家庭關係的協調。

孩子犯了錯，你會怎麼說

「金無足赤，人無完人。」人生在世，犯錯是難免的，更別說是孩子了。「自古雄才多磨難」，一個人要有超乎常人的成就，必然以超乎常人的磨難為前提。不犯錯的孩子長不大，不經歷磨難的人不會成功。人在成長中一定會

犯錯或走彎路，處理得當就成了成功的條件。不怕孩子犯錯，怕的是家長處理不當，加深問題和錯誤，反而引起更多的問題，這就是教育的失敗。真正的教育敢於正視問題。家長處理好了就是孩子走向成功的階梯，處理不好就是孩子走向毀滅的開始。

對於我們大多數人來說，因為我們從小耳濡目染，挖苦、說教、警告、謾罵、威脅的詞語已經植入我們的語言當中。所以當孩子犯錯誤時，我們的責備一般會有以下問題：

1. 責備情緒化

一旦孩子有了過失時，家長的表現通常是情緒激動，念念有詞，聲音高分貝，語速快，一陣狂風暴雨，真可謂酣暢淋漓。等到說完了，罵完了，心裡也痛快了，也平衡了。可是當家長大費口舌的時候，大多孩子心裡算計的卻是：「現在是罵到一半了！」「再忍耐一下，就快罵完了！」家長在呵斥孩子的時候也會突然停下來問：「你聽明白沒有？」孩子馬上反射說：「聽明白了！」「記住了沒有？」「記住了！」「以後還要不要做犯」？「不做了！」這時候如此痛快敷衍的話只是為了早點結束這場暴風雨。如果錄影下來的話，看看自己的表情和表現，真可以說是不堪入目啊！

而孩子對您說的話不是能背下來，就是根本就不知道你說過什麼，只知道一點：我錯了，所以你罵我！就連錯誤帶來的愧疚、不安也隨著批評的咆哮聲而煙消雲散了。因為他們很明白一點，罵完了一般也就沒事了。孩子唯一做的和感興趣的事就是等待，等待這番責備的結束。最後的結果就是「口服心不服」，「你罵你的，我做我的」。

您能指望這種更多帶著個人情緒化的宣洩、主觀的批評有多大作用呢？

2. 責備氾濫化

有時候，我們的家長在責備孩子的時候，聲音慷慨激昂，語速飛快，思維跳躍，聯想豐富。例如本來就是個打破碗的事情，就能從這件事聯想起從前丟鑰匙、丟錢、丟臉，還能扯到打架、看電視、打電動等，總之，只要能想起來的事就可以像電影鏡頭一樣重播。真可謂旁徵博引，引經據典，直說得孩子眼皮一翻，嘴角一撇，脖子一扭，腦袋一低，心想：你愛說什麼就說什麼吧！不口渴嗎？哼！

責備要有針對性，對當前的問題有什麼說什麼，就事論事就好了，而絕不可責備這次過失，連帶以前舊帳也一併算上。這種把「陳年舊帳」重提的做法只會讓孩子對家長感到厭煩、討厭和憎惡，而且由於其他事情拉扯得太多，沖淡了當前主題，主要矛盾就容易被弱化和忽視，令人發笑的是，往往有這樣的家長說著說著就停下來了，怎麼了？原來是一下子忘了該說什麼了。只好自我解嘲的說道：哼，看看你，把我都氣糊塗了。

試想，這樣令孩子懷恨又脫離主題的批評，怎麼可能有利於問題的解決？

3. 責備簡單化

很多時候，孩子犯錯後，家長的表現往往是該責備的時候不責備，不該責備的時候亂責備。很多家長都遇到過孩子賴床的現象，往往是一邊催促，一邊數落，而孩子卻把這當作是背景雜音。根本沒有達到責備的作用。因為孩子很清楚，如果走著上學會遲到的話，家長一定會有辦法讓孩子按時到學校的，有車可以送，沒車可以搭計程車啊。

像這類的情況有很多，就是家長只對現象做責罰，而沒有採取實際有效

的解決辦法。

4. 責備急躁化

有許多時候是這樣的，孩子甚至還沒意識到錯誤即將或已經來臨，還不能深刻意識和認識到錯誤能帶來什麼樣的後果，我們的家長卻已急不可耐，氣不打一處來，通常是眼到、口到，甚至手也到了。

這樣一來，孩子沒有足夠的時間和空間去體驗錯誤，嘗試挫折，孩子甚至都不知道犯了什麼錯，責備就已經接踵而至。這種急於求成、急功近利、急躁冒進的責罵，往往扼殺了孩子的創造力，限制了孩子的發展。

為什麼很多孩子對學習沒興趣呢？就是因為家長們在過早的干涉，過多的介入、頻繁的干預、瑣碎的品評、莫名的批評，導致孩子對學習產生了恐懼、厭倦和叛逆的心理。

總之，在教育孩子上，處處留心皆學問。那麼，對於如何責罵孩子我們可以從以下幾點入手：

1. **正面引導**：有些家長責罵孩子，張口閉口總是用否定性語言：「你真沒出息」、「你真不爭氣」……有的極盡挖苦諷刺之能事。如此責罵不休，真不知究竟要把孩子往正道上引，還要往歧途上推。批評孩子，應該簡明扼要抓住要害、嚴肅認真的指出錯誤，用肯定的語言，如「你是一個好孩子」、「你一定會做得更好」等，給予正確引導，指明出路。任何批評，其根本目的不僅在於抑制孩子的過錯行為，更重要的在於讓孩子了解錯誤，並且激發他好的行為。

2. **尊重人格**：孩子有過錯，理應責罵，但其人格應受到尊重。責罵應對事不對人，孩子和大人，被批評者和批評者，人格應該平等，正是基於這

213

一點，如此才能嚴肅認真又心平氣順的對待孩子。批評可以嚴肅，甚至嚴厲，但這類似於鎮痛藥，用多了便失效。

3. **避免當眾批評**：有的父母誤認為當著他人的面數落一下孩子，會增強「激發」效果，殊不知，這樣做最大的弊病是傷害了孩子的自尊心。

4. **看準時機**：孩子一旦有錯，通常要及時批評。「你等著，晚上爸爸回來修理你！」這種策略是一種失誤。您想，本是上午的事，到晚上再批評，這中間孩子還要做好多事，那錯事也許淡忘了。當然，所謂及時批評也應視年齡特點及錯誤性質有個時間跨度，要抓住時機「冷處理」。

5. **要堅持就事論事，點到為止**：批評孩子不要嘮嘮叨叨，沒完沒了。我們有些家長一遇到孩子出事，往往傾盆大雨，把昔日的事一股腦抖出來，擴大了問題，數落得孩子一無是處，這就會使他們產生自卑感，難以增強改正缺點的信心。其實，今天發生的事未必與昨天前天的事有關聯，即使有關聯也不應「算總帳」。我們要就事論事，不要無限上綱。這種批評看起來似乎有點簡單化，三言兩語就可作罷，但它符合孩子的思想單純的心理特徵，往往能使他們消除對待批評的抵制意識，這樣才有利於輕裝前進。

6. **相互配合**：孩子有了過錯，爸爸罵，媽媽護，豈不效果相互抵消，何談教育？當然，父母對孩子的批評方式可有差別，但必須口徑一致，配合默契。

坐下來，聽聽孩子說什麼

有一次，美國知名主持人林克萊特訪問一名小朋友，問他：「長大後想

要當什麼？」小朋友天真的回答：「嗯……我要當飛機駕駛員！」林克萊特接著問：「如果有一天，你的飛機飛到太平洋上空所有引擎都滅了，你會怎麼辦？」小朋友想了想：「我會先告訴坐在飛機上的人綁好安全帶，然後我掛上我的降落傘跳出去。」

聽到小孩的話，大家都笑了起來。可是就在現場的觀眾笑得東倒西歪時，林克萊特繼續注視著這孩子，想看他是不是自作聰明的傢伙。沒想到，接著孩子的兩行熱淚盈眶而出，這才使林克萊特發覺這孩子的答案遠非如此簡單。於是林克萊特問他說：「為什麼要這麼做？」小孩的答案透露出一個孩子真摯的想法：「我要去拿燃料，我還要回來！我還要回來！」

生活中的很多父母都跟那些大笑的觀眾一樣，總是不願耐心的聽孩子把話說完，就按自己心裡所想來「誤解」孩子的意思。於是導致親子溝通不暢，以致讓孩子的心靈受到傷害，影響到孩子的成長。

一個小男孩，曾經幾次離家出走，他講述了自己與父母的關係：「爸爸每天忙於工作，我和媽媽現在也已經到了相對無言的地步，無論我說什麼，都無法得到她的理解，她總能找出任何理由來反駁我。有一次，我對媽媽說：媽媽，我不想念書……還沒等我說完，媽媽就說：我辛辛苦苦讓你上學，希望你有個好前途，你竟然不想念書……原本想和媽媽說說心裡話，誰知她根本就不了解我的真實想法。從此以後，我再也不向媽媽表露自己的內心感受了。」

「好為人師」是許多父母都會犯的通病，總覺得孩子還小，什麼都不懂，為了孩子好，自己說什麼，孩子就應該聽什麼。其實，現在的許多孩子都有了一定的主見，已經不願意再當被訓導的角色，他們思想活躍，希望有個細訴衷腸的對象。如果父母一味的按照「父母說，孩子聽」的方式來教導孩子，

從來沒有留給孩子傾訴的機會和時間。就會使孩子在父母面前把自己「包裹」起來，不願意向父母敞開心扉。因此，父母們應該改變原來的教育方法，充當一個好的傾聽者，多給孩子發表自己意見的機會。

傾聽，是和孩子進行有效溝通的前提。「傾聽」可以給孩子以積極的心理暗示。因為傾聽對孩子來說是在表示尊敬，表達關心，這也促使孩子去認識自己和自己的能力。如果孩子感到，他能夠自由的對任何事物提出自己的意見，而他的認識又沒有受到輕視，就會促使他說出心中所想，同時也有助於他勇敢正視和處理各種事情。

心理學家研究也表示：如果父母從不聽孩子說話，孩子長大後往往要經過多年的治療才能恢復自尊心。因此，父母們應改變那種「我們說，孩子聽」的方式，與其做一個高明的訴說者，不如做一個高明的傾聽者，要善於傾聽孩子的心聲，進而走進孩子的心裡。

那麼父母們在傾聽和促使孩子說話的過程中，應注意哪些問題，才能達到良好的溝通效果呢？

1. **要對孩子感興趣**：如果你對孩子以及孩子的活動表現出有真實的興趣。你和孩子之間不但打開了通路，而且會使他們感到自己是重要的。父母對孩子表示關心、照顧。讓他們談論有關自己的事，孩子便會感到與父母在一起很親密。

2. **要給孩子留出接觸的時間**：在孩子的生活中，有時需要母親或父親，特別是母親在他身邊聽他講話。當孩子經歷著內心的恐慌、創傷或有失望情緒時，他們特別需要溫情的安慰，孩子也很想知道他們的父母在分享他們的好消息或愉快時的心情。應該使孩子感到你不是由於忙或急著做其他的事，而無暇聽他們說話。

3. **聽孩子講話要專心**：一個好的聆聽者，必須集中注意力，選擇一天不忙的時間和安靜的地點，聽孩子說話。在這個時間，不要做飯、燙衣服和做別的一些家事，關掉電視和忘掉電話及其他分心的事，用眼睛注視著孩子，表示是真心在與他接觸。每天都要為孩子提供與他們單獨接觸的機會，哪怕只用幾分鐘，可以對孩子說：「我們一起散步，」或者說：「讓我們到小房間去單獨在一起談談。」

4. **耐心的鼓勵孩子談話**：開始和孩子交談時，需要向他們提出明確的要求。為了使孩子的談話持續下去，要用一些鼓勵的詞，如「嗯」，「我懂了」，也可以提一些簡單的問題進一步引導孩子。在結束談話之前，不要打斷孩子的話，讓孩子詳述某一問題的情景，盡量描述它的細節。

5. **注意自身的行為語言**：行為語言是我們向孩子傳達資訊的一種不用語言的方式。許多父母仍然不知道怎樣利用自己的行為向孩子表示「我在聽著呢，我感興趣，我在注意」。有幾種主要訊號可以表示對孩子的注意：一是正面向孩子；二是與孩子緊挨著坐；三是身體豎直或和孩子傾斜；四是眼睛互相接觸；五是用慈愛的目光注視著孩子。此外，應該避免緊張，並表示興趣，臉部表情和聲調都是和藹的。

6. **表示自己有同感**：一個好的聆聽者，最重要的技巧是擺脫自己對問題的思想和感情，設身處地想他人在經歷著什麼。有了這種技巧就能敏感到孩子情緒的波動，並將自己符合實際的看法告訴孩子。

7. **幫助孩子弄明白，並說出自己的經驗**：聆聽，是父母幫助孩子對自己內心活動和感受的比較深入理解的過程。在聆聽過程中，透過你的詞語對孩子的敘述加以解釋和說明，可以幫助他們弄清楚自己所表示的意思。在解釋時，要多運用詞彙，盡可能幫助孩子把自己想說的話，準確、清

楚的表達出來。

8. **準確反映孩子的情感**：一個極為有效的聆聽技巧，是要使自己成為孩子感情的一面鏡子，用語言幫助孩子反映他們的感受，特別是幼小的孩子，不會說出他們的感受，不能像成人那樣表達自己的感情。當母親認為孩子的感情是正常的、合理的，迴避評價他或迴避壓制他的感情時，你可以幫助他承認而不是否認這種感情。當消極的感情得到承認和表達後，將會擺脫其強烈性，為更積極的情緒和建設性的解決方法開闢道路。因此，父母對孩子的感情應做出有意識的努力。

孩子想的和你不一樣

現今無論是在家庭，還是在社會，孩子的成長和教育都被放在了極為重要的地位。尤其是在家庭，孩子可以說是家庭的核心。每個父母都不遺餘力的創造一切條件想使自己的孩子更出色，可是他們也無奈的發現：為了孩子付出了全部心血，到頭來卻收穫寥寥。有的家長，還因為對孩子的過度呵護，反而惹得孩子對自己反感，甚至因此造成家長與子女之間的矛盾。

於是許多家長疑問：「現在的孩子，這都是怎麼了？」許多父母在和孩子溝通、交流的時候，也總會有「牛頭不對馬嘴」的感覺，原本是關心孩子，可是他卻不領情；想說點知心話，卻發現孩子心不在焉……其實，問題的關鍵並不是孩子怎麼了，而是孩子在與家長溝通時是有選擇性的，如果你無法開啟他的心扉，自然也就無法正確的與他進行交流，好話未必能達到好作用。

如果父母總是以自己的思想去體會孩子的心情，「以大人之心，度孩子之

腹」。很少或者是很難客觀的站在孩子的角度，用孩子的眼睛觀察這個世界，用孩子的心理思考這個世界。那麼不管你付出了多少，結果都不會如你所想的那般如願。

勞技課上老師教苗苗和同學們縫製椅墊，當時正好趕上「三八」婦女節。苗苗心想媽媽每天上班很累，於是回到家，便開始翻箱倒櫃的找出布、針線。忙了半天，辛辛苦苦的做了椅墊，想當成「三八」節的禮物送給媽媽。等到媽媽下班回家，一進門便問：「作業寫完了嗎？」

「還沒有呢。」

媽媽一聽苗苗說作業沒寫完，一下子就來了氣，質問道：「放學這麼半天，你做什麼了？」

「媽媽，作業我等會馬上去寫，今天是三八婦女節，我做禮物給你。」說著拿出了自己縫好的椅墊。苗苗本以為媽媽會高興，可沒想到，媽媽不但沒有什麼驚喜，反而一手抓過椅墊扔在地上說：「就知道弄這些破玩意，還不趕快去寫作業！」

苗苗心裡委屈極了，本想借椅墊表達一下對媽媽的關心，可是媽媽的反應卻讓他對媽媽的愛，一下子轉成了怨恨，恨媽媽不懂苗苗的心。

就這樣，一件本是很好的事情，卻因為媽媽的不理解而給親子感情帶來的危害。溝通是思想與情感的交流，是資訊與意見的交換。很多孩子都不想把自己的心裡話告訴父母，跟爸爸說了，怕自己哪句話說得不對，爸爸會火冒三丈的訓斥一番；跟媽媽說呢，還怕媽媽既嚴厲又嘮叨的批評。於是孩子更加不想把自己的想法告訴家長，如此惡性循環，形成僵局，造成代溝。

其實，除著年齡的增長，孩子的心理逐漸發育成熟，他們需要得到滿足

的不僅僅是物質生活，更希望父母能夠正視自己的成長，能夠平等的和自己對話，這是一種高層次的精神需要。孩子主動和家長談到自己的事情，是對家長的信任和依賴，是想從家長那裡得到解答和安慰。

這時，如果家長拒絕孩子的這種高層次的精神需要，不能站在孩子的角度與他平等交談，不能耐心的讓孩子說下去，就無法理解孩子的想法。因此，父母與孩子溝通、交流時應多站在孩子的角度看問題，這樣對孩子的成長會更有益。具體而言，父母換位思考，有以下幾點好處：

1. 換位思考，可以讓我們了解孩子的心理需求

在現實的教育中，常常會出現體罰學生（孩子）的情況。可能我們的很多孩子也曾經被體罰過，例如某個同學在作文中寫錯了一個字或用錯了一個詞，老師罰他將這個字或詞寫 100 遍，這樣的情況我們應該不陌生。現在這個權利的行使範圍擴大了，我們的家長也逐漸的喜歡上了這個方法。可是就是寫上 1000 遍，除了讓孩子厭煩，還有多大的教育意義呢？試想，如果你做錯了一件事，上司罰你再重複去做 100 遍，你又是何感受呢？

所以，父母與孩子要經常的換位思考，這樣可以讓我們了解孩子的心理需求，感受到他們的情緒，從而可以更好的進行溝通；可以讓我們揣摩到孩子的心理，使我們能夠抓住重點對孩子進行說服教育；可以讓我們發現孩子的優點，有利於我們家長樹立科學的成才觀，鼓勵、支持孩子做自己喜歡的事，可以使孩子有更大的發展空間。

2. 換位思考，能使自己變得智慧和理智

父母對孩子過多的指責，會讓孩子不知所措。小孩子都會犯錯，這不僅

僅是這個時代小孩子的通病，就是古往今來乃至以後，這都是再正常不過的事情了。可是我們有的父母，就在孩子做錯事的時候，總是一味的指責。適當的指責可以讓孩子知道做錯事的後果，幫助孩子改正缺點，可是過多的指責就只能達到相反的效果。

父母和孩子都學會換位思考，就能使自己變得智慧和理智，就會消除親子間的不和諧因素，減少彼此間的矛盾。如果父母凡事以自我為出發點而忽略或不顧孩子的感受，那麼孩子就會有嚴重的失落感和缺乏交流的壓抑感，他就不願意和你暢所欲言了。

3. 換位思考，小孩總有小孩的道理

小孩有小孩的道理，但做為父母的我們在生活中總習慣用大人的眼光看問題，我們竭力剔去身上的幼稚，盡量把自己裝扮得成熟些，老練些。對於小孩子的把戲，我們掩飾起曾有的純真的童心，對於他們的世界有些不屑一顧。心想：我走過的橋比你們走過的路還多。於是我們開始用自己成長中累積的生活經歷，來評定孩子的是是非非了。我們用成人的思維來做標準，為孩子定下獎懲制度，並由此在小孩子那裡要求師道之尊、父母之貴了。

但在教育孩子時，父母們是否想過，自己要換個角度，站在孩子的立場上看問題，來審視自己是否有過失。其實很多時候，如果你能仔細的觀察，你會發現，孩子有時說得並沒有錯。而父母經常換位思考，會使孩子有種被理解、尊重、信任的感覺，如此一來，孩子才能夠健康快樂的成長。所以，卸載父母為尊的想法，多站在孩子的立場上看問題，相信，你與孩子間的溝通就會變得輕鬆而愉快。

每個孩子都值得讚美

美國一個家庭，母親是俄羅斯移民，根本看不懂兒子的作業，可是每次兒子把作業拿回來給她看時，她都會說：「棒極了！」然後小心翼翼的掛在客廳的牆壁上。客人來了，她總要很自豪的炫耀：「瞧，我兒子寫得多棒！」其實兒子寫得並不好，可客人見主人這麼說，便連連點頭附和：「不錯，不錯，真是不錯。」

兒子受到鼓勵，心想：「我明天還要比今天寫得更好。」於是他的作業一天比一天寫得好，學業成績也一天比一天提高，後來終於成為一名優秀學生，成長為一個傑出人物。

這就是孩子，你說他行，他就行，不行也行；你說他不行，他就不行，即使行也會不行。你為他喝彩，他會給你一個又一個驚喜；你說他不如別人，他會用行動證明他真的很笨。

納旦尼爾‧布蘭特在他的《自尊心理學》中提到：「一個人對自己的評價，將直接影響到他的核心價值觀以及是否有積極的心態。自我評價還會影響到他的思維方式、情緒、希望以及人生目標，同時也影響到他的行為。」

也就是說，在家裡得到讚賞的孩子，比起那些得不到讚賞的孩子，他們的自我感覺會更好，更樂於接受生活的挑戰，也更願意為自己設立較高的目標。

所以，大膽的為孩子喝彩吧！別拿他跟別的孩子比，請相信，每一個孩子都是值得讚美的。而你所要做的是，發現他的「美」，然後大聲的讚美他。

當然了，讚揚孩子也講究一定的方式方法，否則非但達不到讚揚的效果，甚至還會適得其反。那麼，應該如何讚美孩子呢？

首先，家長要對孩子良好的行為表現給予經常的關心和及時的讚揚。在日常生活中，不少家長總是抱怨自己的孩子毛病太多，諸如爭吵、打架、亂叫而實際情況往往並非如此。試問家長們，你是否認真的觀察過自己的孩子？當孩子安靜的遊戲和做自己的事情時，家長一向熟視無睹，等到孩子吵嘴了，打架了，才來充當調解人，進行嚴厲的批評，甚至夾帶武力。在孩子看來，這種爸爸媽媽總是跟自己過不去，整天板著臉孔訓人，他們一點也不親切可愛。家長應該明白，在孩子的小心眼裡，渴望著自己的行為引起關心，得到讚許。要知道如果他們積極的行為不能達到目的，就必須採取消極的行為。假如你沒有讚揚孩子的習慣，不妨現在就試一試，留心孩子在做什麼，如果他現在的表現讓你感到滿意，就馬上提出讚揚。當然，任何事情的開端都會有困難，但隨後就會變得容易起來。讚揚的力量是巨大的，在你不斷的讚揚聲中，孩子的行為將發生奇蹟般的變化，積極的表現會越來越多，消極的行為隨之減少。家長也不必擔心孩子會過度依賴讚揚，其實，對他們來說，家長的讚揚不是太多了，而是太少了。

其次，要明確讚揚的目標是行為，而不是孩子本身。當孩子做錯事時，有的家長氣急敗壞，張口責罵他們自私、懶惰、頑皮、不聽話，但不知道怎樣才能把他們變得無私、勤勞、溫順。俗話說：「江山易改本性難移」，須知一個人的個性是難以改變的，家長如果把注意力都集中到的孩子的行為上，事情就好辦了。

讚揚的目標指向，使孩子本身可能產生這樣的積極後果，使他們得到這樣的認識：做得好就是好孩子，做不好就不是好孩子。為了做好孩子，就不能出錯。還應該明白，沒有人永遠正確，孩子一旦做錯事，就會產生消極的自我評價，因此，這時候家長沒有必要一概指責，窮追不捨。

再次，方式得當。讚揚，要具體明確，因為這樣的目的是增加所期望的行為，所以要讓孩子知道究竟哪一種行為受到了讚揚，讚揚越具體明確，孩子就越容易理解，並且重複這一行為。

當然，對孩子，並不是事事都要讚揚，也並不是讚揚越多越好。稱讚不當的結果，會使孩子產生緊張的情緒和惡劣的行為。孩子並沒有我們所想的那般好騙。你說的話幾分真幾分假，孩子心裡也有數呢。讚揚太過，他會覺得父母沒有誠心，很虛假。時間長了，他很可能根本不把這些稱讚的話放在眼裡，也會對父母產生心理上的反感和排斥。

孩子為什麼和你唱反調

「好像總是跟我唱反調，這麼小就這樣叛逆，我們真不知道怎麼辦？」一位母親抱怨自己的孩子不聽話。可以說，在親子關係中，教導孩子的行為符合社會規範是一項艱巨的工作。這源自於我們和孩子在需求上的矛盾。成人需要的是外表整潔、有秩序、懂禮貌、按流程做事。但孩子卻不在乎這些。沒有多少孩子能自覺的去洗手，或者是注重外表的整潔。

因此，在這方面家長們都會花很多的時間去調教，讓他們的行為符合規範，但是，我們的態度越強烈，他們越是反抗。

樂樂 13 歲了，喜歡穿磨得破破爛爛的牛仔褲和花花綠綠的 T 恤。樂樂的媽媽卻總也想不明白，好好的衣服，新的衣服不穿，卻要穿成這樣。這天，媽媽又看見女兒在屋外用砂輪打磨新牛仔褲的褲腳。

媽媽生氣的對女兒說：「我小時候哪有這麼好的衣服穿，有一件新衣服就愛惜得不得了，沒想到你現在卻這麼不知珍惜……真是個讓人心煩的

孩子！」

媽媽的話女兒好像充耳不聞，繼續低頭打磨她的新牛仔褲。

媽媽終於被氣極了，她忍不住問樂樂：「你為什麼要把新牛仔褲弄成這個鬼樣子？」

沒想到，女兒竟然理直氣壯的說：「現在就流行穿舊的牛仔褲，新的穿著不時尚。」媽媽聽到這番話百思不得其解。

媽媽最終沒能說服女兒。每天早上，看著女兒的一身打扮：上身穿著爸爸的舊T恤，上面染著不知是什麼顏色的花紋。而那條牛仔褲更是慘不忍睹，膝蓋上是兩個大洞，褲腳經過她的加工，多了一圈毛邊。

媽媽看不慣女兒的打扮，卻也管不了，對此束手無策。

可是有一天，等到樂樂媽去接樂樂放學時，發現女兒的學校穿什麼衣服的都有，比女兒更甚者大有人在。在回家的路上。媽媽想好了如何對待孩子的著裝。

女兒放學回來後，媽媽就和氣的對女兒說：「今天我到你們學校去了，看了看你們的穿衣打扮，我也許對你的牛仔褲反應過度了些。不過，從現在開始，去上學或出去玩，你愛穿什麼就穿什麼，我不再過問。」

「真的是這樣嗎？那太好了！您真的不再反對我這樣穿嗎？」女兒有些不太相信。

「是的，不過，我只有一個條件讓你答應，陪我逛街或拜訪長輩時你要穿得像樣點兒。」媽媽說。

女兒沒有及時回答，她顯然是在考慮。媽媽看著女兒，繼續說：「你看，這樣做你只需讓步1%，而我卻得做99%的讓步，你想一想到底是誰

划算？」

女兒聽了以後，想了想說：「好吧，媽媽，就按您說的辦，我們一言為定。」

後來，媽媽每天早上高高興興的看著女兒去上學，對女兒的穿著不再嘮叨半句，而女兒和媽媽一起出門時，也主動打扮得很大方得體。媽媽與女兒也成了無所不談的朋友式母女。

故事中的女兒為何從不合作變為合作呢？關鍵的一點是母親了解了她的所需，並給予了適當的讓步。所以在生活中，父母不要一味的否定孩子的行為，而應給予其選擇自己行為和做決定的機會。父母如有不同意見，也應該心平氣和的與孩子討論。要允許孩子有新的想法、新思維、新做法，必須明確一點：父母不能接受的，不一定是錯誤的。

以身作則，最有效的溝通方式

俗話說，「言傳不如身教。」大家都知道這句老話，現實中人們都是怎樣想的，又是怎樣做的呢？真實的情況是，還有很多家長雖然苦口婆心的說教，卻沒有以身作則。

比如：女兒寫完作業後在書房看故事書，爸爸媽媽則在客廳津津有味的看著電視。嘻嘻哈哈的電視節目總是把女兒從無聲的故事書中吸引過去。「小孩子看什麼電視，看你的書去！」媽媽一轉頭，發現了探出的小腦袋，大聲喝道。

「我作業都寫完了。」

「作業寫完了去看看別的書，看電視對眼睛不好。」

「既然看電視對眼睛不好，那你們為什麼還看？」女兒有些不甘心的小聲嘀咕著走進了書房。

又比如：爸爸和女兒坐在公車上，途中上來一位老奶奶，爸爸連忙起身讓座。過了一會，一位抱著嬰兒的阿姨上車了，還沒等大家反應過來，女兒跳下座位說：「阿姨，您坐這吧！」

父母的行為對孩子起著至關重要的榜樣作用。他們的一言一行，即便是最容易被忽略的細節，都會被孩子分毫不差的記在心裡，並在某些時候表現出來。可以說，孩子行為習慣的養成過程不是用大腦思考的過程，而是透過感覺器官感受到並自然表達的過程。他感受的源頭是父母，父母的言行舉止「什麼樣」，他就感受到「什麼樣」，自然表現出「那個樣」。

古語說：「其身正，不令而行；其身不正，雖令不行。」如果我們能做出好的榜樣，不用要求孩子，他們也會學著我們的樣子行動起來；相反，如果我們自己都做不到，卻要求孩子做到，即使我們把嗓子吼破，他都不會服從。

著名教育家馬卡連柯曾說：「不要以為只有你們與兒童談話，或教導兒童、吩咐兒童的時候，才教育著兒童。在你們生活的每一瞬間甚至當你們不在家的時候都教育著兒童。你們怎樣穿衣服，怎樣跟別人談話，怎樣談論其他的人，你們怎樣表示歡欣和不快，怎樣對待朋友和仇敵，怎樣笑，怎樣讀報……所有這一切對兒童都有很大意義。」「身教」雖然是無聲的教育，但卻是最有力度的教育，也是最有效的教育。

不知你有沒有注意到自己在同孩子交談時所用的語調？孩子有時會問：您是不是生氣了？你繃著臉說：「沒有。」然而你臉上的表情和語調表示出你在生氣、在憤怒。孩子是非常敏感的，他們能很快的分辨出，你在講話中所

要傳達的真正意思和態度。而我們成年人卻往往並不敏感，並沒有意識到自己在同孩子講話時運用了不同的腔調，更沒有考慮這種語調對孩子的行為所起的獨特的作用。

作為父母應該尊重孩子，與他們交流而不是訓導。不能以教訓的口氣、哄人的口氣、引誘的口氣來贏得他們的合作。如果父母以平等的、像與朋友談話的口氣來與孩子交談，而不是對他們訓話，多數情況下父母都能順利的與自己的孩子交流思想。因為，不論多大年齡的孩子，良好的溝通氛圍都會傳達給他們一個訊號，那就是，你有多麼重視他或尊重他，這樣他才願意去聽你所說的話，如此溝通才能收到良好的效果。

第十三章　身體語言，不用嘴也能交流

溝通中，資訊的內容部分往往透過語言來表達，但有效的溝通僅僅靠語言是遠遠不夠的，我們還必須借助於自己的目光、臉部表情、手勢、身體動作等身體語言，以增強口頭表達效果。身體語言溝通可以達到支援、修飾或否定語言的作用，有時可以直接代替語言行為，甚至表達出語言難以表達的情感內容，它是非常重要的溝通技能。

身體語言會說話

你知道嗎？你的身體比嘴更會說話，而且他比你的嘴要誠實許多。

比如：你問你妻子：「你怎麼了？」她聳聳肩，皺了皺眉頭，然後轉過臉去，小聲說：「哦，沒事。我挺好的。」這時你肯定不會相信她的話，你只會相信她沮喪的肢體語言，並且想弄清楚是什麼讓她如此煩惱、不開心。

其實，身體語言會說話，這一點在無聲電影時代的展現最為明顯。由於那時肢體語言是大銀幕上唯一的溝通方式。其中最為我們所熟悉的是查理‧卓別林，他用巧妙恰當的身體語言創造了一個又一個的輝煌。儘管時至今日，有聲電影使人們漸漸的將注意力的焦點從無聲的肢體語言轉移到了演員的對話之上，但不可否認的是，不管時代如何變革，身體比嘴會說話這一點是無法否認的。

那麼，什麼是身體語言呢？身體語言是一種展現個人情感的外在表現形式。每一個手勢或動作都有可能成為我們情感、情緒的展現。例如：一個知道自己長胖了的男人可能會用力的拉扯他下巴處皺褶的皮膚；一個認為自己大腿變粗了的女人則會不斷整理下裝，盡量使自己的裙子保持一種平滑下垂的狀態；一個感到害怕或處於防禦狀態下的人會雙臂環抱，或擺出一個雙腿交叉的姿勢，又或者會同時做出上述兩種動作。

英國心理學家阿蓋依爾等人的研究，當語言訊號與非語言（身體語言）訊號所代表的意義不一致時，人們相信的是非語言訊號所代表的意義，而且非語言交際的影響是語言的 43 倍。

因為非語言行為不易偽裝，原因在於當一個人的大腦進行某種思維活動時，大腦會支配身體的各個部位發出各種微細訊號，這是人們不能控制而且

也是難以意識到的。因此，千萬不要小瞧了這些身體動作，我們不加思考的觸摸自己的身體，或者不經意間的一個小動作，就會暴露我們的思想。

事實上，只要我們了解了肢體動作、語言和表情的不同功能，就會明白肢體動作比語言和表情更容易讓人了解一個人的想法。語言最主要的功能是用來傳遞資訊，其次才是社交活動的運用，表情雖能根據情感自然流露，但是人為掩飾的痕跡很重，唯有肢體動作隱蔽性較差。比起語言和表情，身體姿勢更能反映出一個人的內心，因為身體姿勢受人的情緒、感覺、興趣的支配和驅使，是內心狀態的外部表現。

比如：一個人做了虧心事或偷了東西，總顯得心神不寧、六神無主或鬼頭鬼腦；一個人聽到好消息時，臉上總要露出笑容；一個人聽到批評時，臉色總會顯得很不自然；一個人說謊時總是怕看著對話者的眼睛；一個人激動總要手舞足蹈，發怒時總要青筋暴起，或雙拳緊握、咬牙切齒……這些事實不難證明身體語言的可靠性。因此，若想溝通更為有效，應首先了解身體語言的密碼。

臉部表情，最有表現力的語言

美國著名的語言學家和心理學家亞伯特‧梅瑞賓提出了一個著名的溝通公式：溝通的總效果 =7% 的語言 +38% 的聲音 +55% 的表情。由此可見，臉部表情在人際溝通中占有何等重要的地位。

心理學家經過反覆試驗已經證明：人類微妙的心理活動確實會經常透過表情表現出來，人們有什麼樣的心理活動，就會產生什麼樣的臉部表情。人們臉上的每個細胞、每個皺紋、每個神經都表達著某種意願、某種感情、某

種傾向。

比如：當人們心情不好時，臉上表情木然，臉部肌肉動作向下；當人們心情極好時，臉部就會非常舒展，有時會有笑容，嘴角上揚的表現；當人們生氣的時候，表情就會極其嚴肅，眉宇緊皺，臉部肌肉緊繃；當人們表示對某人某事的輕蔑時，往往眼睛斜視，嘴角輕撇；當人們感到吃驚時，經常嘴巴張大，眼睛瞪大。

記得一次陪朋友去做指甲，無聊之餘便觀看商場裡來來去去的人群。很快幾位推銷美容產品的銷售員引起了我的注意。只見商場門口每走進來一位女性，他們其中的一員立馬會熱情的迎上去，滿臉笑意地邀請顧客到他們店裡去參觀，還說凡是進店者必有禮品相送。可是朋友做指甲的半個小時內，他們溝通過的顧客至少有一百個，但真正能被請進店內的卻是兩三個。可以說，他們的溝通未能達到理想的效果。而造成這種後果的原因，則是他們過於熱情，臉上的表情過於假。這一點在我們走出商場的時候，有兩位女生的對象可以做證。

「哎，剛才那個人（銷售員中的其中一員）跟我們說話的時候，你有沒有一種會被騙上賊船的感覺？」

「有啊。真是的，整得我跟他很熟似的，還笑得那麼歡樂。」

「呵呵，他不是跟你熟，是跟你的錢包熟。你沒發現他的眼睛都快笑成一條縫了嗎？」

臉部表情是人類情緒、情感的生理性表露。在談話中，人的臉上會不自覺的流露出內心的想法，是內心深處情緒的表現。但在初次見面或者與人相交時，對方首先注意到的是你的臉。你最初的表情會引起對方對你做出判

斷，立即產生喜歡、不喜歡、中立或者遺憾的感覺。

　　如果不信，你可以在看雜誌時，注意一下人們活動時的照片。用手把他們身體的其他部分擋起來，只留下臉，你能從他們的臉上得到什麼？又會漏掉哪些資訊呢？

　　你一定能從中看出一些蛛絲馬跡，儘管你說不出他們在做什麼，但卻能知道他們的感受和態度。再遮住其他部位，只留出眼睛，看看你是否仍能感覺到他們的感受和態度。然後，只漏出嘴看看。也許只需要透過眼睛和嘴就能確切的判斷出他們的一些情緒。但是，把臉遮住得越多，就越難判斷他們的情緒和態度。

　　因此，在人際溝通中，來自臉部表情的資訊更容易為人們所理解和察覺，它是人們理解對方情緒狀態最有效的一種途徑，是非語言溝通中最豐富的源泉。為什麼我們在搭電梯、或在各種各樣的公共場合會遇到許多人，但是無法與他人建立良好的關係，關鍵就在於我們的臉部表情。當我們以一種沒有溫暖、沒有關心、沒有友愛的臉部對大家時，就很難與人進行溝通，因為我們彼此的臉上明顯的寫著：你是誰啊，離我遠一點。

手勢，最容易溝通的語言

　　手語言是人類在漫長進化過程中最早使用的一種溝通工具，手勢語言是運用手指、手掌和手臂的動作來傳達資訊的一種無聲語言。也因其便捷、靈活、變化多樣等特性，常輔助於有聲語言，有時甚至還會替代有聲語言。

　　可以說，正確認知、恰當使用手勢有助於提高溝通效果，無知或錯誤認知、不恰當使用則會阻礙甚至破壞正常的人際溝通。例如：某人搞定了一項

工作，使用了一個 V 形手勢，但由於他掌心向內，結果給別人一種侮辱和猥褻的感覺。因為掌心向內的 V 形手勢是一種表示「戴綠頭巾」的解開手勢的一種形式（即用呈交叉狀的兩指代表「戴綠頭巾」丈夫的兩隻角）。又比如：貝克漢曾因一個侮辱性手勢（向上豎起中指，其餘 4 指收攏）而招致球迷的討伐。

因此，在使用手勢語言時應謹慎小心，但也因手勢語言是一種習慣性的動作，常常被人們所忽視。比如：很多人在講電話的時候，都會無意識的使用一些解釋或說明性的手勢，儘管這些對聽電話的人是達不到什麼作用的。因此，在生活中應有意識的練習手勢語言，使其在與人溝通中能準確的輔助於有聲語言的不足，增加有聲語言的分量。

比如：在莊重、嚴肅的場合宣誓時，必須要右手握拳，並舉至右側齊眉高度。有時在演講或說話時，握緊拳頭，則是向聽眾表示：「我是有力量的。」但如果是在有矛盾的人面前握緊拳頭，則表示：「我不會怕你，要不要嘗嘗我拳頭的滋味？」

又比如：手勢上揚，代表著「贊同」、「滿意」或「鼓舞」、「號召」的意思，有時候也用以打招呼。朋友見面，遠遠的揚起手，打個招呼：「Hi!」Hello!」演講或說話時手勢上揚，最能展現個人風格，表明演講者或說話者是個性格開朗、豪放，且不拘於形式的人。

手勢上揚，是一種幅度比較大的手勢動作，容易產生比較鮮明的視覺形象，引起人們對於形式美的主觀感受。

有人這樣描繪法國前總統戴高樂：「當他進行公開演講時，他的習慣動作是兩臂向上（即手勢上揚）。其目的只是為了強調他的講話……有時他舉著雙手，把自己直挺挺的上身從桌上伸出，俯向聽眾，好像要把演說者的堅定信

念注入到聽眾的心坎上⋯⋯」

　　有些人在演講和說話時，同樣喜歡手勢上揚，無形之中給人一種振奮和向上的力量。才華出眾，談吐機敏，幽默風趣，尤其是在遇到困難的時候，不僅時常語驚四座，而且喜歡以上揚的手勢來加強說話的效果。

　　在我們的日常生活中，也能夠經常看到這種手勢上揚的姿勢，如某老闆交待完一份工作後，對他的員工揚揚手說「就這樣辦吧！」在聽完一份彙報後，又揚了揚手說：「好了，我明白了。」在這個時候的手勢上揚，是表示「讚揚」和「肯定」的意思。當我們與朋友告別時，也常揚手說聲「再見！」總之，手勢上揚，是一種能顯示出個人特點，很受人歡迎的手勢，可塑造出大度、有號召力的個人形象。

　　而手勢下劈，給人一種泰山壓頂、不容置疑之勢。使用這種手勢的人，一般都高高在上，高傲自負，喜歡以自我為中心，他的觀點，不會輕易容許他人反駁。伴隨著這個動作的意思是：「就這麼辦」，「這事情就這樣決定了」，或者「不行，我不同意！」等等。

　　可見，不同的手勢總能給人以不同的感受，只有運用準確的手勢語言，才能讓溝通更加有效。因此，與人溝通時，運用手勢語必須遵循以下原則：

1. 大方得體：手勢是一種傳情達意的特殊方式，與說話不妥會引人反感一樣，如果使用手勢時不注意自己的身分或談話內容，一味的模仿他人或矯揉造作、扭扭捏捏，不僅會妨礙雙方的有效溝通，還會給他人留下沒有素養、缺乏教養的印象。

2. 準確無誤：由於手勢是一種無聲的語言，而且其內容包羅萬象，因此哪怕是極細微的變化也會改變手勢的含義。因此，在使用手勢時應盡量做

到準確無誤，並極力避免使用過於複雜的手勢，以免造成溝通障礙或引起他人誤解。

3. 入鄉隨俗：在不同的國家，由於歷史傳統及文化背景等不同，手勢的含義也有所不同，甚至意義相反。如大家熟知的 O 形手勢在英語世界是「OK」的意思，有著「高興」、「佩服」、「順利」等意義，但在法語世界卻代表「零」或「沒有」，到了日本、東南亞一些國家則代表「金錢」的意思，而在巴西竟然代表「肛門」的意思。試想一下，當你要稱讚一位巴西人時卻使用了 O 形手勢會有什麼樣的結果。因此，在面對不同人群時，我們應做到看人使用手勢，以免引起不必要的麻煩。

除了掌握以上手勢要領以外，我們還必須避免一些手勢禁忌，如邊講話邊打響指，勾動手指招呼別人，一邊說話一邊抓耳撓腮，對他人指指點點等，不僅會被視為沒有素養、沒有禮貌，而且極易招致反感，甚至引發不必要的麻煩。

微笑，架起溝通的橋梁

微笑和大笑通常被認為是一種展示幸福與開心的訊號。我們都是哭著來到這個世界的，不過，五週以後我們就學會了微笑，而四至五個月之後，我們就會用大笑來表示自己的情感。嬰兒們很快就知道，哭泣可以吸引我們的注意，而微笑則會讓我們留在他的身邊。同樣的，與人溝通，哭喪著臉只會引起別人的注意，但很快也會嚇跑別人，但微笑不僅可以吸引注意，更會留住別人的腳步，幫助我們開啟溝通的大門。

因為在與人溝通時，微笑是在告訴其他人，自己不會給他們帶來任何傷

害，希望他們能夠從私人的角度接受自己。現實生活中與人相交時，我們也習慣於微笑相對。

羅伯特・布諾溫發現，人在群居生活時歡笑的次數是獨處時的 30 倍。同時，他還發現，與各種笑話以及有趣的故事相比，和他人建立友好的關係這一目的與笑聲的聯繫似乎更加緊密。在引發我們大笑的各種原因當中，只有 15% 來自於笑話。布諾溫透過實驗發現，實驗參與者處於孤單的環境中時，更多的人會選擇自言自語，而不是哈哈大笑。布諾溫透過錄影記錄下了實驗參與者在三種不同的環境中觀看喜劇電影的情景：獨自一人、與同性的陌生人一起以及與同性朋友一起。在讓我們發笑的各種原因當中，只有 15% 的原因與笑話有關。想與他人溝通，建立聯繫，才是我們大多數笑容的真正原因和目的。

成功學家戴爾・卡內基說，真誠的微笑，其效用如同神奇的按鈕，能立即接通他人友善的感情，因為它在告訴對方：「我喜歡你，你使我快樂，我願意做你的朋友。」同時也是暗示對方：「我認為你也會喜歡我的。」可以說微笑是比語言更具有親和力的溝通方式，它能迅速的讓人與人之間建立良好的關係。

一項透過對銷售人員與談判者進行長達 30 年的追蹤研究，發現適時的微笑（譬如說，在談判初始階段，雙方都在對對方進行評估時）會對談判雙方都產生積極的效應，從而使談判雙方就更高的成交額獲得更大效益。也就是說，你笑得越多，其他人對你的態度就會越友好。

法國科學家紀堯姆・杜胥內・德・波洛涅（Guillaume Duchenne De Boulogne）利用電診法和電流刺激來區分發自肺腑的會心微笑與其他種類的笑容。他透過對那些斷頭台下身首異處的人們的頭顱進行分析來研究臉部肌

肉收縮的方式。杜胥內從不同的角度拉扯人的臉部肌肉，從而對臉部肌肉及其因收縮而引發的各種笑容進行歸類。他發現，人的笑容是由兩套肌肉組織控制的：以顴肌為主的肌肉組織可以使嘴巴微咧，雙唇後扯，露出牙齒，臉頰提升，然後再將笑容扯到眼角上；而眼輪匝肌可以透過收縮眼部周圍的肌肉，使眼睛變小，眼角出現皺褶，即我們常說的「魚尾紋」。以顴肌為主的肌肉組織是受我們的意識所控制。也就是說，當我們想讓自己看起來顯得友好或謙恭時，即使沒有讓我們快樂的事情發生，我們也可以有意識的命令這部分肌肉收縮，製造出一種虛假的笑容。不過，眼部周圍的眼輪匝肌的收縮卻是完全獨立於我們意識之外的，所以，它呈現出來的一定是發自肺腑的真心笑容。因此，如若你想知道對方的笑容是否真誠，首先就應該觀察他的眼睛，觀察他的眼角是否有「魚尾紋」。

當然了，只要你向某人微笑時，無論真假與否，對方都會自然的回饋給你一個甜美的微笑，而溝通也在微笑中進行。以下是對那些在日常生活中常見的幾種微笑形式的總結及分析，大家可以根據所處環境與需求展現不同的笑容，從而使溝通更加有效。

1. 抿唇笑

女人在微笑時雙唇緊閉，那就意味著她心中有不願與你分享的祕密。人們在露出這種微笑時，雙唇緊閉且向後拉伸，形成一條直線，完全看不見雙唇後的牙齒。這種微笑的內在含義是，微笑者隱藏了某個不為人知的祕密，或是他不想與對方分享自己的想法或觀點。女性在遇到自己喜歡的人而又不想讓對方知道這一點的時候，通常會露出這樣的笑容。

2. 歪臉笑

在一張扭曲的笑臉上，兩側臉龐的表情恰好相反。比如：左邊的眉毛向上揚起，與此同時，由於左側的顴肌的收縮，他左邊的臉頰上便浮現出了一種看似為微笑的表情。而在左半腦的命令下，右邊的眉毛卻因為眼輪匝肌的收縮向下沉，而嘴角和整個右側臉頰也微微下移，露出了一種皺眉式的表情。這種歪臉的微笑是西方人的專利，大都是人腦意識作用的結果，其所傳遞的資訊也只有一個 —— 挖苦諷刺。

3. 開口大笑

這種笑容看起來有些不太自然。人在開口大笑時，嘴巴張開，下巴低垂，嘴角上揚，給人一種很開心的感覺。這種笑容看起來有些不太自然。《蝙蝠俠》系列電影中與蝙蝠俠作對的那些丑角，十分鍾愛這種笑容。

4. 斜睄式的微笑

微笑時雙唇緊閉，同時還低下頭，歪向一側，並且斜著眼睛向上望，這樣的笑容不禁會讓人聯想到少年時的俏皮和心思暗藏。無論何時何地，女性都喜歡在異性面前露出這種略有些靦腆害羞的笑容，因為這樣做很容易引發男性體內的保護欲，使他萌生出保護她不受傷害，呵護她的念頭。已故的黛安娜王妃就是用這樣的笑容征服了全世界。

黛安娜王妃的這種微笑會讓男人產生出一種想保護她的欲望，同時也讓女人喜歡上她。對男人而言，這種既俏皮又有些靦腆的微笑是一種極具挑逗性的訊號，也是一種鼓舞他們「向前衝」的暗示，所以，黛安娜王妃俏皮的微笑似乎有一種神奇的魔力。凡是見過她的微笑的人，無論男女，都會心悅

誠服的拜倒在她的石榴裙下。

你的眼睛看向何處

「看著你的眼睛，我就會知道你的祕密。」是人們最常說的一句話，因為眼睛會傳達你所有的感情和想法。《孟子・離婁上》中有一段用眼睛判斷人心善惡的論述：「存乎人者，莫良於眸子。眸子不能掩其惡；胸中正，則眸子瞭焉；胸中不正，則眸子眊焉。」

可以說，目光接觸是人際間能傳神的非言語交往。「眉目傳情」、「暗送秋波」等成語形象的說明了目光在人們情感的交流中的重要作用。而且很多時候，人的眼睛和嘴巴所說的話一樣，能從眼睛中了解事物的大致面目。因為眼睛與臉部其他部位不同，其周圍的肌肉更發達精巧。這既能保護眼睛不受傷害，又使得眼部本能的動作反射性很強，能最直觀的反映內心活動。我們都有過這樣的反應，危險物品襲來時，眼睛周圍的肌肉會反射性的讓眼瞼立即合上；強光射來時，眼球內部的瞳孔收縮，以避免眼睛受到刺激。正是因為眼睛具有這樣本能的反應，也就不可避免的成為臉上最誠實的部位之一。

人們都說眼睛是心靈的窗戶，一個人的內心情感都可以透過眼睛傳達出來，而眼神所傳達出來的資訊會影響到溝通的效果。

羅恩・克拉克在《優秀是教出來的》一書中說：「用眼睛和他人溝通。有人對你說話時，眼睛要注視著他；有人發表意見時，你的身體和臉要正對著他。用眼睛盯著一件東西看，這對有些人來說有點困難。但是，如果你正在努力贏得人們的好感，並且想表示你所說的話很認真，這就顯得很重要了。

例如：當你走進老闆的辦公室要求他給你加薪時，如果你的眼睛緊盯著他，而不是低著頭，那麼他會更為認真的考慮你的請求……」

用眼神讓大家信任你，用眼神贏得好感。同時，短暫的眼球運動和眼神交流，也能幫助我們看出一個人的想法，是贊同還是反對，是欣賞還是厭惡。無論這個人心裡想什麼，眼神都會立刻忠實的告訴我們。心之所想，無須言語，從眼神中就能找到答案。

泰戈爾說：「任何人一旦學會了眼睛的語言，表情的變化將是無窮無盡的。」因此，想讓別人喜歡你，眼睛是非常重要的一環。學會使用眼神來進行溝通，這樣的話，我也能更清楚更深入的了解到他們的想法，而他們也不用擔心如果說錯話會有什麼後果了。因為眼神是發不出聲音，但是卻又是最真實，最直接的表達方式。也正因如此，我們可得出：「無論我們和周圍的人用什麼方式交流，也不管我們表達的內容是什麼，我們肯定會對那些用眼神和我們溝通的人給予更多的關心和回應。」眼神構成了彼此的交流。那麼，我們在與他人溝通時應注意哪些目光語言，才能使溝通更加有效呢？

1. **正視對方**：不要害怕目光接觸，這會讓別人覺得你冷漠、不關心或者在逃避，要練習正視對方，這會賦予你友善、誠懇、外向、有安全感、自信、篤定的標籤。直接的眼神交流還能表明你很願意了解他，是一種開放迎接的姿態。

2. **保持目光平視**：不要把目光集中在地上，這會給他人一種不信任的感覺。

3. **眼珠要靈活**：這包括眼睛的轉動範圍和轉動頻率。表現為思維敏捷的反應，是青春活力的表現，是生命力的象徵。靈活的眼睛會給人一種流動的美感。

4. **眼睛要明亮**：明亮的眼睛沒有掩蓋、沒有偽飾、沒有憂愁、沒有迷惘，使人一覽無遺。明亮的眼睛是良好的表現，它給人一種清晰的美感。

　　要做到眼睛明亮就要注意不要有斜視、俯視、不屑一顧、輕浮等不禮貌的「眼語」。要達到這一點，除了表現的技巧外，加強文化、品德修養是很重要的。

　　最後，在眼神交流的同時，記得給對方一個友好的微笑，一定會讓你美上加美。

攤開手掌，讓人心在坦誠中凝聚

　　自古以來，一見到攤開的手掌，人們往往就會聯想到坦率、誠實、忠貞以及謙恭這些形容優秀素養的褒義詞。時至今日，許多莊嚴的宣誓都要求人們將手掌置於心臟的位置以示坦誠；法庭上，證人需要舉起手掌以證實自己證詞的真實性；在教堂裡或是外出布道時，牧師們通常都會左手執《聖經》，然後將右手伸向教眾以示上帝的愛心和謙恭。假如你想知道對方是否坦誠以對，最直接、最有效的方法就是觀察他的手掌動作。

　　在人們開始袒露心扉，或者想說真話的時候，他們很可能會在無意間露出全部或部分手掌。與大多數傳遞微小資訊的肢體動作一樣，這完全是一個下意識的動作。而當你看到這樣的動作，你的「直覺」就會告訴你，他沒有撒謊。可如若一個人撒謊，我們完全可以透過他的雙手識破其謊言。

　　一次，夏天與教授討論一個關於兒童心理學方面的問題時，教授忽然問道：「對於海倫‧帕爾默所著的《九型人格》，你看完後有什麼感覺？」

　　「很不錯，裡面有一些值得我們借鑒和學習的地方。」夏天答道。但教授

卻注意到夏天本來放在書桌上的書，隨著她的說話而改放到了桌子底下。

「你還沒來得及看這本書，是吧？」教授笑著說道。

教授的話讓夏天感到很尷尬，同時也很震驚，因為她確實沒有看過這本書。「您是怎麼知道的？」

「你的手告訴我的。」教授回答說。

一個人說話時，其內容的可靠性我們可透過手來得知。就像每當孩子們撒了謊，或隱瞞了什麼事情，他們通常都會把自己的手藏在身後。假如一個男人徹夜未歸，當他面對妻子的詰問時，為了隱瞞昨晚的行蹤，不讓妻子知道他與其他男人夜遊不歸的事實，他很有可能會在回答妻子提出的問題時把手藏在口袋裡，或者擺出一個雙臂交叉抱於胸前的姿勢。但是，他的這一動作卻反而會讓妻子覺得他在撒謊。

可以說，當我們與他人交談時，將手掌暴露於雙方的視線之內，這麼一個簡單的動作的確有可能會讓我們看起來顯得更加坦誠，使我們贏得更高的信譽度。而且，當我們在溝通中將自己的雙手置於對方的視線之內，那麼無形中，你也會給對方造成一種心理上的壓力，迫使他說真話。換句話說，暴露的手掌不僅有助於阻止對方向你傳遞虛假的資訊，並且能夠敦促他對你坦誠相待。

而且有趣的是，當這一動作逐漸變成某人的習慣之後，這個人說謊的機率也就隨之大大減少了。許多人都發現當自己的雙手暴露於對方的視線之內時，說謊似乎就變成了一件不可能完成的任務，而導致這一結果的原因就是所謂的因果法則。如果你對他人沒有任何隱瞞，完全是坦誠相對，那麼，你也就會很自然的將自己的雙手暴露在外面。不過，當你的雙手暴露於身體之

外時，你會發現，要想在同一時間說出一個令人信服的謊話，實在是一件相當困難的事情。

看到這裡也許有人會問了，如果我不將手藏起來，那麼別人就不可能會知道我說謊了是嗎？對於這個問題，答案可以是肯定的，也可以是否定的。比如：你說的是個徹頭徹尾的大謊話且破綻百出，即使你亮出了自己的手掌，你的聽眾也不會相信你，因為你在說話的同時還會做出其他的動作和表情。如果你的話不屬實，那麼這些動作和表情所傳達的資訊就會與攤開的手掌所代表的含義自相矛盾。如此一來，你的謊言也就不攻自破了。

可以說，一個人的手的擺放不同，就會給對方傳達不同的資訊。比如：你覺得有人想侵犯自己，出於自衛，你很有可能就會將雙臂交叉抱於胸前。不過，儘管任何事情都沒發生，但是只要你擺出了同樣的姿勢，一種自衛的感覺便會油然而生。而且，假如你在與他人交談的同時，將自己的雙手置於對方的視線之內，那麼無形中，你也會給對方造成一種心理上的壓力，迫使他說真話。換句話說，暴露的手掌不僅有助於阻止對方向你傳遞虛假的資訊，並且能夠敦促他對你坦誠相待。

總之，與人溝通時，內心的一些想法往往會透過手掌表現出來。只有使用得當，使用者完全可以利用手掌的力量，那就可與對方輕鬆、愉快的溝通，悄無聲息的達到自己的目的。

學會擁抱，別讓傳統認知阻礙了溝通

擁抱是一種很好的溝通方式。擁抱可以拉近彼此的距離，讓雙方變得不再陌生。擁抱會給我們的生活注入一股溫泉，讓對方感受到你的愛意。當我

們張開雙臂，把對方輕擁入懷時，一切的不快和矛盾都在這一刻化解。

可是對於具有東方「含蓄美」的我們而言，擁抱是一件非常「節儉」的事情。我們常常羞於表達，常藉口和人「心照不宣」。而長期的「不宣」的結果就是，漸漸失去表達、交流情感的能力，越來越孤獨，也越來越冷淡，集體罹患「情感不表達症」。在這一點上，西方人比較開放，他們認為，擁抱是人最基本的需求之一，也是最人性的需求之一。擁抱傳達出的資訊是愛意，這種非語言資訊傳達出的這層意思能夠以最直接和熱烈的方式傳達給對方，且不限於同性或者異性。

心理學家表示：「身體語言，是人與人之間最重要的溝通方式，擁抱是身體的本能需要。」研究顯示，嬰兒期缺乏擁抱，孩子就會愛哭、易生病、情緒易煩躁；就算漸漸長大學習獨立後，他們仍然需要這種身體的「支援」。擁抱孩子是告訴他們，不管什麼時候，不管你犯了多大的錯誤，父母對你的愛都不會變。

同樣，夫妻之間的婚姻若出現了問題，也可以試著去擁抱對方。這個擁抱會給我們即將乾涸的婚姻注入一股溫泉，這樣的擁抱是在告訴對方，自己還是一如既往的愛著他。那麼，所有的不愉快，在這一包含著愛戀的擁抱中煙消雲散。

因此，親人之間、戀人之間、親子之間都應該增加一些擁抱的機會，創造並增加彼此的幸福感和安全感。這不僅是身體上的接觸，更是情感上的溝通，是愛的交流。

擁抱傳達給對方的愛意，可以是朋友之間的友情，可以是親人之間的親情，可以是男女之間的愛情，這麼多豐富的感情就全部包含在這一個溫暖的擁抱裡。擁抱，常常可以化解對方心理上的冰霜。但是擁抱在亞洲是有很大

的局限的，要分場合和人物，一般限於比較熟悉的朋友或者親人之間。如果對方對於擁抱是持排斥態度的，那麼你最好不要嘗試，否則會讓雙方比較尷尬。

澳洲一位名叫 Juan Mann 的男子在雪梨市區街頭手舉「自由擁抱」的牌子將「FREEHUGS」運動推向了全球化的網路世界。讓大家體驗擁抱帶來的快樂和溫暖的感覺。很多時候，我們為了避免傷害，選擇了與他人保持距離。但是很多時候，疏遠帶來的誤解和傷害遠比溫暖和理解大。Mann 說：「擁抱是讓大家笑容綻開的一種方式，因為只要有一個人跟我擁抱，就會帶動從旁經過的五個路人臉上的微笑」。

擁抱的魅力是巨大的，它可以化解人與人之間的一切不愉快，可以拉近人與人之間的距離，讓人深切的感受到對方的真誠和愛意。擁抱所傳達出的情感勝過言語，巧妙的把擁抱運用在合適的場合，將會使溝通變得更為順暢和愉快。

第十四章　聲入人心，讓溝通更有效

聲音是一種威力強大的媒介，透過它可以贏得別人的注意，能創造有益的氛圍，並鼓勵他們聆聽。因此，與人溝通時，懂得運用聲音來吸引他人，並掌握聲音的魅力，那麼溝通將會更為順暢，也會更有效。

聲音動聽，才能吸引人

你一定也這樣想過，為何同一個解說，不同的人來說會收到不同的效果？比如：說同樣的笑話，相聲藝術家能贏得滿堂喝彩，你卻可能會造成冷場；而同樣是女人，林志玲無論說什麼都會比一般的女人更有吸引力，她的「林氏娃娃音」跟她端莊柔美的形象相得益彰。

正所謂「音容笑貌」，聲音的重要自始而知。而我們在與別人交談的時候，聲音也是顯示一個人口才的主要因素。因此，在口才基本功的訓練中，美化聲音必不可少。

英國教育社會學家格萊斯頓說：「99% 的人不能出類拔萃是因為他們忽略了對嗓音的訓練，他們認為這種訓練不具有任何意義。」塑造良好的語言形象，塑造充滿魅力的聲音，是每一個人提高能力、開發潛能的重要途徑，更是每個人駕馭人生、改變生活、追求成功的無價之寶。那麼如何做才能使自己的聲音更加飽滿圓潤、動聽悅耳呢？

聲音鍛鍊的第一步是練氣。俗話說「練聲先練氣」。氣息是人發聲的動力，是發聲的基礎。氣不足，聲音軟弱無力；用氣過猛，又會損傷聲帶。所以練聲，先要學會用氣。

第一步練習怎樣呼吸。

吸氣：深呼吸，小腹收縮，胸部打開，盡可能深吸氣。

呼氣：緩慢呼氣，呼吸時把牙齒合上，留一條小縫讓氣息慢慢呼出。練習緩慢悠長的呼氣有利於經常演講、朗誦的人。

第二步是練聲。

首先要放鬆聲帶，發一些輕慢的聲音，就如同「啊」、「一」，不要一開始就大聲叫喊，或者發出刺激的聲音。讓聲帶做好準備工作。因為口腔直接關係到聲音的洪亮、圓潤與否，所以放鬆完聲帶之後要做一些口腔的準備活動。首先進行張閉口練習，活動嚼肌。接下來練習挺軟齶，可以學習鴨子「嘎嘎」叫。

練聲時，要選擇最佳時間，不要在早晨剛睡醒時就到室外去練習，那樣會損害聲帶。尤其是秋冬季節，室外和室內溫差較大時，張口就喊，冷空氣會刺激聲帶。要在溫度適宜、氣候溫暖的時候練習。

第三步是吐字。

只有發音準確無誤，清晰、圓潤，吐字才能「字正腔圓」。我們所說出的每一個詞、每一句話都是由一個個最基本的語音公司組成，然後加上適當的重音和調整。只有清晰的發出每一個音節，才能清楚明白的表達出自己的思想。

每一個音節都可以分為：字頭（聲母）、字腹（韻母）、字尾（韻尾）。

正所謂「咬字千斤重，聽者自動容。」在練習發聲時，一定要緊緊咬住字頭。具體的做法就是嘴唇要有力，把發音的力量放在字頭，利用字頭帶動字腹和字尾。

想要聲音圓潤，字腹的發音一定要飽滿、充實，口型一定要正確。如果做不到字腹的飽滿、圓潤，發出的聲音就會是扁的、塌的。

字尾一定要完整，把音全部發出來，不能發半截或者一部分音，當然也

不能把聲音拖得太長。這樣聲音就能悅耳動聽了。

除了經常做上面的練習之外，在平時說話時，要注意避免一些不良的發音習慣。

首先，不要讓發出的聲音尖得刺耳，雖然每個人的音色、音質不同，有的高亢，有的低沉，有的單純，有的渾厚。但是，說話時，要善於控制自己的態度，盡量避免刺耳的聲音。

其次，不要用鼻音說話。所謂的鼻音，包括「姆、哼、嗯」之類的聲音。這樣的聲音讓人聽起來非常的不舒服，並且還會給人一種傲慢無禮的感覺，讓人聽起來你似乎在抱怨什麼。如果你使用鼻腔說話，第一次見面時絕對不會給別人留下好印象。如果你期望自己的聲音更加富有魅力，就盡量少用或不用鼻音說話。

再次，注意控制說話的音量。與音調一樣，我們每個人說話的聲音大小也有其範圍，聲音過大，會讓人感覺你是一個無禮的人、魯莽的人。聲音過小，往往會影響交流。一般情況下，除了在火車上，飛機上，或者在機器轟鳴的工廠裡，不得已需要提高說話，平時就沒必要大聲說話。試想四周一片寧靜，或樹下談心，或圍爐敘舊，高聲談話是如何大煞風景。在客廳裡，過高的聲音會使主人討厭；在公共地方，同伴會覺得尷尬。因此，與人溝通，我們應該找到一種高低最為合適的音量來和別人交談。

總之，聲音對於人們的工作、生活有重要的作用，透過改善聲音、提升語言形象，可以促使人們走向成功。

讓你的聲音充滿魅力

　　成功的語言表達，莫不以聲達意，以聲傳情。富有魅力的聲音不僅會為口才增色不少，還會美化說話者的形象。當我們聽見有吸引力的聲音時，我們往往會認為此人優雅大方、氣質高貴，甚至會覺得他更勝任某項工作，也更具有領導才幹。一個聲音悅耳動聽的人，往往讓人感覺更加親近。一個聲音沉悶粗啞，或者生硬刺耳的人，不僅不吸引人，甚至令人生厭。

　　正所謂「餘音繞梁，三日不絕。」聲音是語言的載體，是我們了解外面世界的媒介，美妙的聲音能帶給人美的享受，使別人都愛聽自己所說的話。那麼如何做才能使自己的聲音更具魅力呢？

1. **多多訓練表達方式**：首先要訓練一下表達方式，找一篇短小的散文或朗朗上口的詩，以各種戲劇化的腔調把它念出來，激動的、無精打采的、哀傷的、滑稽的、不可壓抑的，這樣你就能更有效的掌控聲音的魅力。

2. **要注意說話的音量**：若想使自己過於輕柔的聲音變得簡潔有力，可以坐直（或站直）身子，頭抬高，面向室內最遠處高聲說話，並注意鏡子裡的身體語言；若想壓抑過高的聲調，應先放鬆心情，想一些熟悉的音樂旋律，並且練習使用輕聲細語 —— 即在說話中故意將某句話說得很輕，這同樣可引起傾聽者的注意。

3. **說話的速度要快慢適中**：仔細回憶一下，平時說話的速度是否過慢或過快，過慢會使聽者失去耐心；相反，如果說話太快，就要先了解原因，是因為你很性急，還是擔心別人對你的話題不感興趣，趕快把意思交代了事？弄清楚原因之後，再採取相對的措施來加以改善。

4. **發音要清晰**：說話時每個字不但要咬字清晰，尾音更要念清楚，很多人

說話開頭音量很大，最後幾個字卻含混、模糊起來。

5. **音調的變化**：寫一個完整的句子，反覆念出來，每一次強調一個字的讀音，看看一句話會有多少種不同的含義。

6. **要避免口頭禪**：如果你發現自己有口頭禪的話，那就要設法改掉。平時交談固然可以使用，但要看對象，尤其正式談話或演說時應避免使用為宜。

7. **聲音的美化**：在具體說話技巧之前，請先練習發出魅力的「聲音」，每一個人的聲音，都擁有與生俱來的特色，也就是每個人都有最適合自己的一套「聲音」，這套「聲音」在你說來悅耳動聽，比你其他「聲音」要好聽得多，若能加強鍛鍊，則效果更為明顯。

8. **學會用腹音**：沉穩的聲音是用腹式呼吸來發音的，腹式呼吸為呼吸中的一種，另一種為胸式呼吸。腹式呼吸對心聲音為職業的人特別重要。因為它具有好多優點，例如可多吸些氣，發出更明亮的聲音。而且吐氣可由腹肌控制，故可掌握使用的度。此外，不需要用到胸部，故不必為了特別發音，而使喉嚨部位變得緊張。

說話有節奏，速度要適中

說話的節奏不同，給人的感覺也不同。有的人說話很快，「突、突、突、突」的像機關槍發射一樣，給人一種急促的感覺；而另外一種人則恰恰相反，說話節奏很慢，慢慢悠悠。這兩種極端的情況都是沒有掌握好說話的節奏。如果不懂得如何控制節奏，不僅不能發揮口才的魅力，還會導致溝通障礙。

因此，在與人交往時，要想說話讓人家愛聽，喜歡聽，就要注意控制好

自己說話的節奏。說話的節奏是指說話時不斷發音，和停頓形成的強弱有序和週期性的變化。如果我們在說話的時候根本不考慮節奏和速度，無論什麼話語，都用同樣的語調和速度說出來，顯得單調乏味。而我們在與人說話時不斷改變節奏，可以讓我們的語言更加生動。

所以說，努力保持恰當的說話節奏和速度，並在說話的時候根據具體的情況加以變化，使自己說的話聽起來有節奏，速度合適，就會像悅耳的音樂一樣吸引別人的注意。

當然，除了簡單的加速和減速之外，語言的節奏有多種形式。在日常生活中，一般有下面幾種類型：

1. **高亢型**：高亢型的語言聲音偏高，起伏較大，語氣昂揚，語勢多上行。高亢的節奏能產生威武雄壯的效果。在進行鼓動性強的演說，或者敘述重大事件、宣傳重要決定、講解激動人心故事的時候，往往會採用這種方式。

2. **低沉型**：低沉型的語言語流偏慢，語氣壓抑，語勢多下行。一般在講述悲劇，或慰問、懷念等情況下多採用這種語言節奏，使人感到低緩、沉悶、莊重。

3. **輕快型**：輕快型語言節奏是最常見的，聽來不費力。日常性的對話，一般採用這種節奏。

4. **舒緩型**：舒緩型語言節奏是一種穩重、舒展的表達方式。聲音比較平穩、從容，語調沒有太大的起伏。

總之，不同的語言節奏分別用於不同的場合、不同的環境。準確把握語言節奏，才能顯示出口才的內在力量。

你的語調洩露了一切

你是用什麼語調來講話的？是高高在上的？是有氣無力的？還是咄咄逼人、畏畏縮縮的？

很多時候我們白費力氣的對說話的內容冥思苦想，孰不知我們的語調已經把一切都搞砸了。「語調如其人」，就像我們很容易認出別人的筆跡一樣，我們的語調也可以被人「一耳聽出」。

語調就是說話的腔調，它是節奏的快慢起伏、音調的抑揚頓挫、語速的停頓延連、音量的輕重強弱等透過不同的方式組合而成的。在口語交際中，語調往往比語義更能傳遞一些資訊，對方可以透過一個人說話的語調判斷出他的內心世界，以及他的情感和態度。

因此，善於運用恰當的語調來表達複雜的內容和不同的思想情感，是任何一個想提高說話水準的人都應該掌握的基本功。

就像醫生應平緩的、不帶感情色彩的語調可以平息病人的焦慮；教授要用威嚴的、清晰的語調可以掌控整個課堂的氣氛；熱線電話的主持人幾乎無一例外的用一種語調說話：緩慢，低柔，娓娓道來，其關切的語調可以滲透到對方的心裡。如果想用甜美的語調打動對方，就在說話的時候一直保持微笑，因為笑容也可以「聽」得到。可以說，你的語言是否吸引人，你的情感是否打動人，常常取決於你的語調。不同的語調，會讓聽者產生不同的感覺。真實、準確、富有生命力的語調是你的口才成功的關鍵。

那麼，怎樣才能使有聲語言表達生動有趣呢？

首先，要掌握各種語調的特點。一句話聲音的高低變化叫做句調。一句話富有表現力，因為它聲音有高有低，有快有慢。語調有升調、降調、曲

調、平調四種基本類型，隨著句子的語氣和表達者感情的變化，可以變化出其他多種類型。語調有區別句子語氣和意義的作用。如果把「你做得不錯」說成降調，是陳述性句式，帶有肯定、鼓勵的語氣；說成升調則是疑問性句式，帶有不信任和諷刺的意味。因此，我們在談話時，應注意掌握不同語調的特點，才能靈活表達出各種語調。

其次，靈活的表達各種語調。抑揚頓挫的構成語言自然和諧的音樂美，能細緻表達思想感情和語氣，使語言更富有吸引力。當地恰當的運用不同的語調，是衡量一個人口頭表達能力的重要標誌。一句話可以用不同的語調來說，但不同的語調給對方的資訊刺激也是不同的。同樣一句話，由於語調不一，就可能給人不同的理解。所以，掌握分寸感是正確運用各種語調的首要條件。

再次，控制說話的輕重快慢。人們說話都有輕重快慢之分。需要強調的內容說得重些，平淡的內容說得輕些。說話輕重適宜，能使語義分明，聲音層次豐富，語氣生動活潑，語言資訊中心突出。說得太輕容易使聽者減少興趣；說得太重也容易給聽者突兀的感覺。我們應該根據說話的內容掌握說話的輕重，該輕則輕，該重則重，使人感到音節錯落有致，舒服暢快。

「文如觀山不喜平」，說話也是這樣。語速的快慢應根據交際場合和個人表情達意的需要而選擇。運用恰當的語速說話，是控制語調的主要技巧。在需要快說時，語速流暢不急促，使人聽得明白；需要慢說時，語速和緩不拖沓，要聲聲入耳。語速快慢有節才能使語言富於節奏感。

最後，自然的聲音總是悅耳的。現實生活當中，交談不是演話劇，無論你是什麼樣的語調，都應自然順暢，故意做作的語調只能事與願違。

別讓情緒控制了你

「情緒」就好像人的影子一樣每天與人相隨，我們在日常生活、學習、工作中，時時刻刻都體驗到它的存在，它給我們的心理和生理上帶來的變化。許多人都會有情緒衝動時做出許多使自己後悔的事情來。因此，學會理性的控制自己的情緒是一種有教養和成熟的表現。

衝動的情緒是一種無力的情緒，也是極具破壞力的情緒。平常本是一件雞毛蒜皮大的小事，但卻因為當事人的情緒不佳，而說出一些難聽的言辭，從而引起了交談雙方間的爭吵，甚至是大打出手。

而且，情緒也總是在不經意間控制著我們的言辭。我們總是在開心的時候隨心所欲、滔滔不絕的發表自己的言論，也不管別人愛聽不愛聽；在生氣的時候我們會對他人惡語相向。當然，當我們處於消極狀態時，言辭難免失控，說出一些傷人的話。我們往往不會去想後果，而當我們發現自己的言辭讓自己與別人造成矛盾時，這時就已經很難化解了，而且這種消極的情緒對自己的健康和生活帶來不良影響。

比如：一個人在公司裡受到了上司的批評，然後他的心情就開始變得非常糟糕，他用一張生氣的臉面對辦公室裡的每一個人，致使同事們說話都小心翼翼的。他用一張憤憤不平的臉對路上碰到的每一個陌生人，好像每個人都欠他錢一樣。回到家裡，兒子想跟他玩遊戲，他卻生氣的大喊：「玩玩玩，你就知道玩，趕快去寫作業。」兒子看著他有些扭曲的臉，嚇得大氣都不敢出一下。妻子看不過去，便說道：「孩子那麼小，你就不能跟他好好說話……」可還沒等妻子說完，他又大喊道：「那誰跟我好好說話，我一天天在外面忙得半死，每天還要看人臉色。你們吃我的、花我的，我還不能抱怨兩

句嗎？」他這麼一說，妻子也火了，於是家庭戰爭開始爆發了。

情緒失控往往會將小事化大，將本來很容易解決的事情推向兩敗俱傷的地步。同時，情緒失控也會使我們失去許多機會。有句話說「你喜歡誰並不重要，重要的是誰對你有用。」可是在現實生活中，面對喜歡的人和不喜歡的人，我們的言辭有著明顯的區別。而這也基本上限制了我們的交際圈，使我們錯失了許多成功的機會。

因此，我們要學會控制情緒，做到「喜怒不形於色」。抱著一顆平和的心態，掌握好自己的情緒，給人以沉穩、可信的印象。控制好自己的情緒就可以減少因措辭不當而造成的爭吵和糾紛。率性而為是可以獲得很多朋友，但是率性也要有個尺度，要懂得收斂，不能毫無顧忌放任自己的情緒，否則，即使是朋友，也難免會生氣。即使是親密無間，也要注意自己的措辭。

在生活中，我們每個人都有自己固定的生活習慣。你必須要學會接受那些你看不慣甚至是討厭的事情，學會控制你自己，秉著一顆寬容的心去對待，從而保持一種和諧的氣氛，這樣我們才能生活得更加輕鬆愉快。遇到和自己意見不一樣的人，不要反駁批判，要在堅持自己想法的同時尊重別人的看法，不要讓衝動的情緒破壞了你們之間友好交流的氣氛。在遇到一些令你憤怒的事情時，你要保持平和的心態，冷靜下來，然後再找處理事情的辦法。否則，就可能會生出很多麻煩來。

適時的控制自己的情緒，才能確保溝通順利進展下去。我們平時就要多加注意練習，有意識的控制，嫻熟的駕馭自己的情緒，相信到時你就能在溝通中遊刃有餘。

別讓語氣害了你

口氣是一個人說話的氣勢。人在說話之時，除語言的內容之外，還包括聲音的高低、長短、快慢、清濁……同時還會伴有一些表情、姿態等，這一切就構成說話的口氣。口氣常常表達出話中話、言外之意，也常常流露出豐富的感情。

一個人說話口氣如若不講究，將註定在人生的道路上跌跌撞撞。更為重要的是，討人厭的口氣在傷害別人的同時，也使自己招人反感、厭惡甚至痛恨。

李先生先後在四個公司工作過，談起與同事的相處，感受頗深。當初，李先生被當成青年才俊進入第一家企業，是被老闆親自帶去介紹給同事的。因此，在最初的一段時間裡，每個同事都對他表現出熱情與友好，在工作上都願意對他做出指點和幫助。

但因為他辯論家式的口氣，他逐漸被疏遠。這以後，李先生明顯感到工作中處處缺乏順利，錯誤也不斷的出現，最後不得不離開這家公司。

在職場中有這樣一種現象，工作最出色的往往不是最有才能的，而是那些人際關係處理得最好的人。而一個人要想擁有良好的人際關係，說話的口氣也至關重要。

專家們做過一次實驗，當我們以一種與實際資訊相反的口氣說話時，口氣表達的效果是語言效果的五倍。比如說，如果以敵意的口氣給出一種友好的資訊，那給對方留下深刻印象的不會是你所說的友好的內容，而是你的怒目、橫眉、淡漠等敵意的口氣。

因此，為了獲得最佳的傳播效果，從而獲得好運，左右逢源，我們應該

學會在不同的場合用不同的最佳的口氣說話。無論你所傳播的消息是什麼，以下幾種口氣都應是極力避免的。

1. 說教的口氣

孟子說：「人之患在好為人師也。」但生活中有些人喜歡給你忠告：他喜歡指出你做的事情中的錯誤。這樣的人在內心裡常常有強烈的表現欲望，他在對你的說教中會體會到自我的價值和凌駕他人之上的快感。

帶著說教口氣的人，總是喜歡不斷重複著細小的環節，浪費聽話人很多時間。很多人會採取這樣的方法對待有說教口氣的人：一面禮貌的對他的說教表示感謝，一面卻照他所勸告你的相反途徑去做，表示所謂勸告可有可無。

說教者經常會這樣說：「現在我不喜歡講這一類事情。」「你必須知道我並不想干涉你的行為。」或者「我也許不應該講這些話，可是我想你會明白這些話的好處的。」我們也經常聽見這樣的勸告語：「我跟你說。」「我是為你好。」

說教者的最後遭遇往往就是被別人敬而遠之。他們不管是在工作中還是在家庭中，都形不成凝聚力量，得不到擁戴，所以他們的事業總是會因為人事原因而遭到失敗。

2. 輕率粗暴的口氣

這些人易怒而且反應快，與人講話時常常打斷別人的話。他常因武斷而造成判斷錯誤。他不能體貼對方，輕率而自私。有許多做丈夫的常常是這樣的傢伙，在公司工作了一整天之後回到家，直至吃過晚餐上床睡覺，這麼一

大段時間裡，他悶聲悶氣，一句話也不講。妻子無論怎麼引導他講話，也沒有效果。偶爾回答，他也是盡可能簡略。有時他會不停的發牢騷，然而有時他卻一言不發。

在大眾場合也經常出現這樣的人，他可以在你說完話之前得出結論，也可以隨便讓你停止講話，或者乾脆對你的發言表示出不耐煩。

他們的口頭禪是「哦。」「不要煩我！」「我很忙，沒有時間。」「我們不要講這事情好嗎？」「討厭透了，我不願意再聽。」對於這樣的人，人們一般採用兩種方法對付，一是根本不理睬他，二是恭維他。

3. 輕聲細語的口氣

這種人若不是氣度小，就是擅長謀略。他們具有小心翼翼甚至神經質的性格，善於保守某種祕密，口封密實，絕不流露真心。這種人的說話準則是：「話到嘴邊三思再三思。」

你聆聽他說話時，可以清楚感覺到每一個字的音節，這些字因為仔細的斟酌而變得清晰。他會很小心的把自己從言語中撇開去，並且通常不會給出很肯定的意見。

他們經常會流露出這樣的語句：「也許你的意見是正確的。」「有這樣的可能性。」「我的意思不是這樣。」

4. 硬邦邦的口氣

這種人往往精神不安定，個性強，具有獨裁權威的特徵。不依照他的話做，就會遭到他高聲斥責。

很多官僚就有這種口氣，他們說話不給別人留下餘地，一切自作主張，

不可能有半點商榷之處。別人在這樣的口氣面前只有兩個選擇，要麼屈辱服從，要麼違令走人。

他們常常這樣對人說話「這沒有討價空間。」「你明天不用來了。」「你是不是不聽我的話？」

5. 傲慢的口氣

這種人有輕蔑他人之意和陰險惡毒的性格。他只能看到別人的壞處，從不稱讚別人的長處。在交談過程中，這樣的人經常掃別人的興致，打斷別人的話鋒。如果我們稱讚一個為社會工作業績優良的人，他便說那人其實只是從另一個角度為自己撈取好處。他是冷笑的專家，在他的腦子裡別人都是惡劣不堪的。

這種口氣的人經常打擊你的說話，假如你說你的企劃案透過了，他便會喊起來說這很容易。他的頭腦裡面包含著一種嫉妒的元素，但他並不能將它深藏起來。

有時候，你可以從下面這些話中看出他是個過於自信傲慢的人。「是這樣，可是他背後的動機是什麼呢？」「那毫無價值，你等著再聽聽這一件事吧！」

讓你的聲音富有情感

呆板、枯燥的言辭讓人感覺很乏味；生動形象、靈活多變的語言才能充滿吸引力，激起聽者的興趣，不斷給他們以新鮮的刺激。因此，在發言的時候要注意使自己的語言充滿生命力、活潑靈動。

有這樣一種現象：有一些人不管出現在什麼地方，都能迅速的吸引人們的注意力。只要他比比劃劃的一說話，大家立刻老老實實的凝神靜聽。可是當我們也擠進他的粉絲中間，做這個雄辯大師的聽眾，聽了一大段後，忽然意識到，他說的全都是老生常談。

　　可是為什麼有那麼多的人喜歡聽他亂講呢？就連擠進去的你也不由自主的去傾聽，祕密就在於，雖然內容很一般，但說的人熱情澎湃，說得很熱鬧。正是他講話時用熱情所營造出來的情感傾倒了聽眾。而要使自己的聲音富有情感，就要使自己的語言風格不斷變化，面對不同的說話對象、不同的場合，使用不同的說話策略，語言風格要「因人而異、因地制宜」。

　　足智多謀的諸葛亮之所以能舌戰群儒，就是因為他針對不同的對象採用不同的說話風格。面對張昭、步騭等儒士大臣們的唇舌挑釁，他談笑風生、妙語連珠；面對虞翻、嚴峻，他慷慨激昂；面對程德樞，他條分縷析、鞭辟入裡。所以說，諸葛亮可謂是一張嘴打天下。那麼，我們在與人溝通時，如何做才能讓自己的談話也更有吸引力呢？

　　首先，採用多變的句型可以讓語言更加豐富生動。

　　句型多變主要表現在不僅有常見的主謂句，還有很多非主謂句，如：主謂倒裝、定狀異位等等。有時，透過一個標點符號就可實現句型的變化，使意思完全改變。

　　其次，多變的視角可以充分顯示語言的魅力。

　　同樣的事物，從不同的角度去觀察認識，就會得到不同的認知。語言的表達視角在交際中有很重要的作用。

　　馬克‧吐溫是著名的幽默大師、諷刺大師，他非常擅長利用多角度表情

達意。在一次酒會上，他向記者說道：「美國國會中有些議員是狗娘子養的。」記者把這爆炸性的話語透過新聞媒介傳了出去。華盛頓的議員們大為憤怒，強烈要求馬克‧吐溫道歉，否則他將面臨吃官司。過了幾天，《紐約時報》果然刊登了馬克‧吐溫的道歉啟事：「我考慮再三，覺得此話不當，而且不符合事實，故特此登報聲明，把我的話修改如下：美國國會議員中有些議員不是狗娘子養的。」

馬克‧吐溫從不同的視角表達了自己對國會議員的鄙視。

再次，場合不同，說話風格也要有所改變。

國畫大師張大千一向為人孤傲。一次，他為弟子舉行餞行酒宴，邀請了社會各界的名流。在酒席上，他一改往日的做派，舉杯來到京劇大師梅蘭芳先生面前：「梅先生，您是君子，我是小人，我先敬您一杯！」賓客們聽罷都感到很驚訝，梅蘭芳不解其意：「此話怎講？」張大千笑答：「您唱戲，動口，您是君子；我畫畫，動手，我是小人嘛！」滿堂賓客大笑不止，梅先生笑著一飲而盡。宴會的氣氛變得非常熱烈。如果張大千先生在宴會仍然保持著平時的孤傲，勢必會導致宴會氣氛的拘謹。

可以，在與人溝通時，若能根據不同的需求，在說話時，注意以上三個原則，就可以讓你的語言更加豐富多彩、韻味無窮。

第十四章　聲入人心，讓溝通更有效

第十五章　美言善詞，社交場合上處處受歡迎

　　社交是我們生活的一部分，同時也是一個複雜而多彩的舞台，交際是這個舞臺中必不可少的角色，而溝通又是演好這個角色的道具。要想演好這場「戲」，讓自己與他人的溝通獲得成功，就要學會社交溝通的技巧，懂得社交溝通的方式。

好形象會說話

你是否會注意到，當你與某個人見面的時候，僅在幾秒鐘內，甚至是沒有說一句話，你在心裡就會對自己說：「我不喜歡認識這樣的人。」而有的時候，當你與某個人見面時，也是在幾秒鐘內，你就感覺這是個不錯的人，因為你自己在內心深處說：「我喜歡認識這樣的人。」我們是透過判斷對陌生人的喜惡的呢？就是一個人的形象。

色彩心理學家路易士・切斯金曾經做過這樣一個實驗：為了檢驗新洗衣粉的包裝設計對產品銷量的影響，他找到了一些家庭主婦，給了她們三袋不同顏色包裝的洗衣粉，讓她們連續使用數星期，然後告訴他哪種洗衣粉的洗滌效果最佳。其實這三個袋子裡裝的是同一種洗衣粉。

幾週後，接受測驗的家庭主婦們把自己的答案告訴了心理學家。經過統計分析，路易士・切斯金發現：家庭主婦們認為三個袋子裡的洗衣粉有著完全不同的清潔效果。很多主婦都表示黃色袋子中的洗衣粉洗滌強度太大了，會損害衣物。

為什麼同一種洗衣粉放在三種不同的包裝中，給人的感覺就不一樣呢？路易士・切斯金解釋說：由於產品的包裝不同，往往會影響消費者對其品質和功能和判斷，他將這種現象稱為「人的非合理性傾向」。這個貨幣不僅出現在消費領域，同樣也適用於人際印象的判斷中。鑑於此，我們平時一定要做好自己的形象包裝，並時不時的給自己做做廣告。

是的，在我們的傳統印象中，一個人的價值應該是由他的能力和實力來決定的，靠包裝，那只是一種嘩眾取寵的伎倆。道理固然說得不錯，但是試問，人們在第一次見到你或是對你了解不深的時候，怎麼能一眼就看出你的

能力多大、價值幾何呢？而從某種意義上說，形象具有「先入為主」的作用，因為一個人形象的好壞，就等於給這個人貼上了一個標籤，再次與之相遇或交往時，就會對其有不定期的慣向性。如果某人的形象給我們留下了較好的印象，即使他有某些缺點，我們也往往會尋找藉口來為其掩飾，替他辯解。但若某人的形象給我們留下了不好的印象，即使他能力再強，我們也會從心底裡面產生排斥。

所以，我們應該透過包裝來塑造自己的良好形象。當然，不合身分的包裝，也會令對方產生一種你很輕浮的感覺。如果你是一名學生，卻開著名貴汽車或者使用昂貴的打火機，就難免讓人覺得輕浮，因為這種不合身分的包裝極易令人產生不舒服的感覺。

一個人的外表具有「延伸自我」的特徵。如果一個人的形象和服飾差距過大，就會令人有一種「不完整人格」的印象。比如衣服和鞋子都是高級品，腰帶卻是地攤上的廉價品，這種打扮就不能不令人產生不自然的感覺了，甚至會使人認為你善於偽裝自己，從而對你提高戒備。

莎士比亞說：「外在形象往往可以表現人格。」世界著名的服裝心理學家高萊講：「著裝是自我的鏡子。」的確，在人際社交中，一個人的外在形象在基本上反映了一個人的社會地位、身分、職業、收入、愛好，甚至是他的文化素養及思想情感等非文化心理的非語言資訊。

此外，臉部的表情同樣是影響相貌的重要因素。你可以在鏡子前努力練習，從而讓自己的表情具有親和力。並且這種努力會改變一個人的精神面貌。

人的第一印象是最不容易被磨滅的，長相凶惡的人誰也不喜歡，沒有自信總是讓人覺得縮手縮腳。長得賊頭賊腦的人總是讓人覺得靠不住，而慈眉

善目的人卻很容易贏得別人的信任。有些人能很容易的博得別人的好感，就是因為其長相給人留下的印象好罷了。

　　總之，一個人的外在形象直接影響著別人對你的印象，如果你的形象好，無形中就拉近了彼此的距離，也為良好的溝通奠定了基礎。

博人好感，讚美給力

　　自古以來，就有謙虛向上，嚴於律己寬以待人的古訓，「戴高帽」「拍馬屁」的做法只能是與和珅之流相同的不恥行徑。人們將那些善於說讚美話的人一律稱為「馬屁精」，好像這些人人格多麼低下，多麼不恥於和他們相提並論似的。其實，這是對人際關係的一種誤解。仔細觀察你就會發現，周圍的人或多或少都在說著讚美別人的話，只不過方式多樣而已。就人際關係日益複雜的今天來說，多說讚美話不僅不是壞事，而且是好事。

　　李師傅是任潔所在公司的專職司機。任潔第一次坐他的車時，正值上下班高峰時段，路上非常擁擠，但李師傅卻能在那樣的車陣中將車開得既快又穩。任潔見此說道：「李師傅，你在這樣的情況下還能開得這麼快，真是不簡單啊！」

　　就這樣一句簡單的讚美之辭，令李師傅非常高興。因為他覺得自己的駕駛技術確實比別人高超，這也是讓他很有成就感的地方。在任潔坐他的車以前，還沒有人這麼誇獎過他。於是他此後都非常照顧任潔，平常看任潔沒上車就會耐心的等幾分鐘，見任潔喜歡吃零食，也總會在車上備一些。這件事情過去了 10 多年了，可李師傅仍然對當時的情景念念不忘，也時常對別人誇讚任潔有眼光，而且李師傅的開車技術也越來越高超了。

生活中，沒有一個人不願聽到讚美之聲、溢美之辭。讚美，是對對方優良素養、能力和行為的一種語言肯定，它實質上是人們對待世界的一種健康心態，是處理人際關係的一種積極態度。古今無論是過去、現在，還是將來，讚美都是極具效率的人脈語言，我們身邊的每個人，當然也包括我們自己，都希望受到周圍人的讚美，希望自己的價值得到肯定。這絕不是虛榮心的表現，而是渴求上進，尋求理解、支持與鼓勵的表現。

心理學家席萊也說：「我們極希望獲得別人的讚揚，同樣的，我們也極為害怕別人的指責。」仔細觀察身邊的人，你就會發現，人們都或多或少的在說著讚美別人的話，只不過這種方式是多樣的而已。對人際關係日益複雜的今天來說，多說讚美話不僅不是壞事，而是一件「贈人玫瑰，手有餘香」是好事。所以，我們應該把別人渴望、自己也渴望的東西獻給對方，這才是真正的慷慨大方。

那麼在讚美別人時應該注意些什麼呢？

1·讚美出於真誠

讚美絕不是虛偽，一定要真誠。對別人的讚美要客觀、有尺度、出於真心，而不是阿諛奉承、刻意恭維討好，這樣往往會適得其反，引起別人反感。讚美之詞是對別人成績的肯定，會使聽者感悟到自己存在的價值，激發他人努力去做出更大的成就，與此同時自己也獲得無限的快樂。如果你的讚美不帶有真誠的意味，那麼你的讚美只能說是徒勞，甚至會使朋友在心理上產生異樣的感覺。比如：你的一個同事把事情搞砸了，你卻「不失時機」的讚美道：你做的真好，我還做不到那個樣子呢。試想，這個時候，你的朋友會有被讚美的感覺嗎？

2·讚美要不失時機

在恰當的時機表達讚美才能獲取最佳的效果。首先，讚美需要在一定的語境裡發生，不能純粹為了讚美而讚美。我們要能夠抓住關鍵的「字眼」去讚美對方。抓住了這個字眼，實際上也就抓住了對方喜愛的話題、對方擅長或感到得意的地方。

3·力爭是第一次發現

你所發現的對方的特色、潛能、優勢最好是別人都沒有發現，甚至是他自己也沒有發現的。你的讚揚會令他恍然大悟，瞬間即增強自信，從而對你產生好感。

4·與對方的內心好惡相吻合

他自己認為是缺點，內心極為厭惡，但卻被你誇獎，這會令他無法接受。如你讚美某個朋友像某個電影明星，而他恰好討厭這個明星的相貌或性格，那你的讚美就適得其反。

5·尋找對方最希望被讚美的內容

各人有各人優越的地方，他們固然盼望得到別人公正的評價，但在那些還沒有自信的地方，尤其不喜歡受到人家的恭維。例如女孩子，都喜歡聽到別人誇讚她們美麗，但對於具有傾國傾城姿色的女孩就要避免再去讚揚了，而應稱讚她的智力。如果她的智力又恰好不如別人，那麼你的稱讚一定會使她雀躍無比。

6‧間接恭維

引用他人的評價，對某個朋友、同事過去的事蹟，也就是既成的事實，加以讚美，被稱為「間接恭維」。這證明你對他的成就、聲譽有所了解，對方會欣然接受你的親切、熱情。

7‧背後讚揚

在背後讚揚人，是一種至高的技巧，因為人與人之間難得的就是背後能說好話，而不是壞話。如果朋友知道你在別人非議他時挺身而出，主持公道，一定會非常感激你。

8‧引其向善的讚美

讚美與諂媚、奉承、拍馬屁的區別就在於其是「引其向善」。你希望對方擁有哪些優點，鞏固哪些優點，你就要發現這些特點的展現，並及時予以鼓勵，對方的自尊心受到激勵後，會朝你讚許的方向努力。

9‧含蓄性的讚美

過直、過露的讚美時常會令對方感到過度，而抽象含蓄的讚辭卻能使人迷醉。語辭本身含有多方面的意思，可做多種解釋，對方會不自覺的往好的方面去想。譬如你讚揚他：「你的眼睛好漂亮！」如果對方真的如此，她只會認為是理所當然的。但如果並非如此，這便成了一種諷刺。所以，倒不如說「你很有氣質」，能產生更好的效果。

10‧直觀性的讚美

初次相識時，可較多的使用這種方法。從對方的飾品入手，對其衣著、裝飾等具體事情予以發現性的適度讚揚。這會讓對方感到輕鬆、自然，從而使氣氛活躍起來。

見人說人話，見鬼說鬼話

說話足以左右人的意志，辦公室裡最高明的溝通者應是那些見人說人話，見鬼說鬼話的人。

因為「見人說人話」，就可以和「人」溝通。「見鬼說鬼話」，就可以和「鬼」溝通。所以，「見人說人話，見鬼說鬼話」是「溝通」的祕訣，也是和人相處、交朋友、給人好印象、了解對方的祕訣，這是一種技巧，一種藝術。

有一則笑話，頗能說明如何「見什麼人說什麼話」。

說是某人擅長奉承，一日請客，客人到齊後，他挨個問人家是怎麼來的。第一位是坐計程車來的，他大拇指一豎：「瀟灑，瀟灑！」第二位是個上司，說是親自開車來的，他驚嘆道：「時髦，時髦！」第三位顯得不好意思，說是騎自行車來的，他拍著人家的肩頭連聲稱讚：「環保，環保！」第四位沒權也沒勢，自行車也丟了，說是走著來的，他也面露羨慕：「健康，健康！」第五位見他捧技高超，想考一考他，故意說是爬著來的，他擊掌叫好：「特技，特技！」

看完這則笑話，不知你是否悟出了一點「見人說人話，見鬼說鬼話」的奧妙之所在。其實「見人說人話，見鬼說鬼話」在人際關係上是很有用的一招，它的厲害在於抓住了人常以自我為中心的弱點，在言語上讓對方的自我

獲得滿足，對方的防衛意識便會鬆軟下來，並且把你對他的客套、親切，當成你對他的關心，於是就對你產生好感。結果是，你了解他三四分，他對你卻還一無所知。所以，在與人溝通時，要想贏得對方的好感，就必須刻意留意對方的興趣、愛好，明白他們的意圖和心思，投其所好，「對症下藥」。

具體來說該怎麼做呢？

1. 根據對方的性格和性別特徵說話

對方性格外向，透明度高，你就可以隨便一些，開開玩笑，鬥鬥嘴，他會很自然的接受；如果對方性格內向、敏感，你就可以講一講適合的笑話，讓他開朗一些，最重要的是表現真誠，可以挖掘對方比較在意、隱藏在內心深處的話題，讓對方覺得你是在真正的關心他。

有的女孩性格外向，個性鮮明，男孩子氣十足，你若跟她談化妝、美容，她也許會毫無興趣，如果談足球、談科學，她可能會興致勃勃。針對不同的性格，你應該學會說不同的話。

同樣說人胖，男性會一笑置之，而女性則可能把臉拉下來，自尊心受到傷害，這就是性別帶來的差異。所以，說話時我們就要注意到這種差異，對不同性別的人說不同的話。

2. 根據對方的身分特徵說話

「秀才遇見兵，有理說不清」，如果你對普通的工人農民擺出知識分子的架子，滿口之乎者也，肯定讓對方滿頭霧水，更別說會被接受了。要是遇見修養較高的人，也不能開口就一副江湖氣，這樣容易引起對方的反感，也無法獲得交往的信任和好感。

3. 根據對方的興趣愛好說話

興趣愛好是與人交流的切入點，根據對方的興趣愛好說話，就易將談話進展下去。比如和有小孩的女性說話，可以說說孩子教育和柴米油鹽醬醋茶；和喜歡籃球的人說話，可以和他談談籃球，說說球星……說得不深入沒關係，只要你開口了，他們便會不由自主的告訴你很多關於他自己和工作上的事情。如果你還善於引導，他恐怕連心事都要掏出來了。

4. 根據對方的年齡特徵說話

老年人喜歡別人說他年輕，而小孩就不喜歡大人總是說他太小；中年人喜歡別人說他事業有成，家庭美滿；年輕人喜歡別人說他有幹勁有活力。不同年齡層次的人喜歡不同的話題。

假如你要打聽對方的年齡，對小孩可以直接問：「今年多大了？」對老年人則要問：「您今年高壽？」我們不提倡問女士的年齡，但是如果非要問，也可以講究方法，只要問得分寸好，不會讓別人覺得唐突、不禮貌。

5. 根據對方的心理需求說話

不同的人會有不同的心理需求。如果你懂得一點心理學，就很容易把話說到人的心窩裡。

19 世紀的維也納，上流婦女喜歡戴一種高簷帽。她們進戲院看戲也總是戴著帽子，擋住了後排人的視線。可是戲院要求她們把帽子摘下來，她們仍然置之不理。劇院經理靈機一動，說：「女士們請注意，本劇院要求觀眾一般都要脫帽看戲，但是年老的女士可以不必脫帽。」此話一出，全場的女性都自覺的把帽子脫了下來：哪個女人願意承認自己老啊！劇院經理就是利用了

女性愛美愛年輕的心理特點和情感需求，順利的說服了她們脫帽。

6. 說話應分清內外、悲喜場合

場合中全都是自己熟悉的朋友，那麼說話就可以推心置腹，天南海北，無所不談，甚至一些放肆的話說出來也無傷大雅；但是如果在場的都是交往不深的人，就要板著點自己，不可肆意妄為，做事情也要公事公辦，不要不分對象亂套近乎。

如果在比較輕鬆的場合，我們可以說諸如「我順便來看看你」這樣的話，可是如果在比較莊重的場合說「我順便來看看你」，就顯得不夠認真。

同樣，說話還應該和場合中的氣氛相協調，不能在喜慶的場合說些喪氣話，也不能在悲痛時說什麼喜慶的事，讓人心裡彆扭，甚至惱怒。

總之，話是說給別人聽的，至於說得好不好，是否有口才，不僅要看話語能否當地適當的表達自己的思想感情，也要看別人能不能理解並樂於接受。如果你說的話別人聽不懂，或者別人根本就不樂於聽，那麼這樣的談話還有什麼意義呢？所以與人交談之前，還是見什麼人說什麼話的好。

說話之前先動腦，口不擇言惹人厭

「禍從口出」，「言多必失」「謹於言，慎於行」等俗語、名言，都在告誡我們說話一定要小心謹慎，切不可口無遮攔、口不擇言。

《管子‧形勢解》中有這樣一句話：「聖人擇可言而後言，擇可行而後行。」意思是說：聖賢之人在說話、行事之前總是要經過一番思密、謹慎的思索，而後言可言之言，放棄不可之辭，行當行之行，擱不妥不舉。這句話

告誡後人身處於世，只有謹言慎行，才是最機智的做法，否則，只會引起諸多的不快。

有這樣一個故事：有個人請客，用餐的時間快到點了，還有一大半人沒來，他心裡很焦急，便自言自語的說：「怎麼搞的，該來的客人還不來？」一些敏感的客人聽到了，心想：「該來的沒來，那我們是不是不該來？」於是，一部分人悄悄的走了。

主人看到後一著急，便說：「該來的不來，不該走的又走了。」剩下的客人一聽，又想：「走了的是不該走的，那我們這些沒走的倒是該走的了！」於是又走了一些人。

最後，只剩下一個跟主人較親近的朋友，看了這種尷尬的局面，就勸他說：「你說話前應先考慮一下，否則說錯了，就不容易收回來了。」主人大叫冤枉，急忙解釋說：「我並不是叫他們走哇！」朋友聽了大火，說：「不是叫他們走，那就是叫我走了。」說完，頭也不回的走了。

你看，主人就因為口不擇言，以至出現如上那幕連環性的「走客」誤會。一般來說，口不擇言亂說話的人有兩種，一種就是狂妄自大、出言不遜的人；而另一種就是那種心直口快、不顧後果說話的人。後一種人說話往往沒有惡意，卻會無意中傷害了人。

小岳是高材生，大學畢業直升碩士，碩士畢業以後本來還有念博士的計畫，可是他找到了一份不錯的工作，薪水高，一去就是部門主管，於是他成了某大公司一位青年才俊。半年下來，小岳交到總部的工作計畫和總結報告條理清楚、思路新穎，總部上司對小岳十分滿意。然而，小岳部門的同事和小岳的頂頭上司對他頗有微辭 —— 說他說話讓人不舒服。

比如一次午餐的時候，小岳和同事一起去吃飯，閒話間說到當地交通問題。當地土生土長的小岳順口發表評論：「這幾年交通狀況惡化，實在是因為外地來的大學生太多。我認為應該好好嚴格管制，差不多的二三流大學的傢伙就不要給他們工作機會了。」小岳這樣一說，在座幾位同事的臉色都變得很難看。原來他們都是從外地到本地來發展的，聽到此話心裡自然不爽，覺得小岳太過狂妄，再加上工作上的事情小岳要求一向嚴格，同事都懷疑他故意整治外地人。

其實，小岳有口無心，但他卻因忽略了別人的自尊，落得個孤立無援的悲哀處境。

由此可見，如果我們在說話時不經過大腦這一關，張口就來，導致無謂的誤解，豈不悲哀！所以，在此奉勸那些自認為能說會道的人們：注意話到嘴邊留三分，三思而後「說」。

詼諧幽默，成功社交的捷徑

幽默是一種能博得好感、贏得友誼的好方法，尤其是在遇到那些沒必要爭執或不值得爭執的問題時，幽默更能收到很好的效果。

無論我們從事什麼工作，無論我們處於何種地位，與人交往是不可避免的。幽默不僅能幫我們與他人進行有效的溝通和交往，還能幫助我們處理一些特殊的人際關係問題，讓我們能順利的渡過困境。適當的幽默能幫助我們與他人建立和諧的關係，贏得別人的信任和喜愛。

公司加班是家常便飯，每到下班時間，總會聽到不少同事打電話回家，通知晚上又挑燈夜戰，不能回家吃飯了。在一旁聽了總是覺得心裡酸酸的。

但是有一回，一位當爸爸的同事打電話回家，卻讓人感到溫馨又有趣：「喂，你是旋風小飛俠嗎？你跟女超人說，無敵鐵金剛今天不回花果山吃桃了，拜拜！」

幽默是一種智慧，是一種聰穎，是一種機敏，凡是幽默的人無不具備一種俯瞰茫茫人世的洞察力，一種居高臨下，笑看芸芸眾生的優越感。他有一種自知之明，他知道世界上一定有很多自己「擺不平」的人和事。但是他可以用一種獨特的視角和心境去「擺平」自己。用一種風趣幽默的方式拉近彼此間的關係。從而泰然、怡然的走向坦途。

有個男職員，他所在的公司被另一家大公司合併，巨大的人事變動使他感到很不如意，新同事對他也沒有好感，周圍關係很不協調。有一天，他故作悲哀的說：「我看大家都願意我被辭退，因為不管什麼事情我都是在最後。」沒想到這句話發生了意想不到的效果。因為他的自嘲獲得了一次和新同事們大笑的機會，這樣，即使他真有拖拉和做事效率低的毛病，同事們看到他有一種誠懇的自我評價態度，也對他產生了信任和親近的感覺。幽默感幫他和大家建立了友好善意的共事關係。

某大公司裡的一位部門經理每天總想的問題是：「部門內的人是否真正喜歡我？」一次，他從外面走進辦公室，發現手下的職員們正聚在一起唱歌，可是一見到他，就立刻匆匆忙忙奔向各自的辦公桌。他沒有大發脾氣，也沒有任何的不滿意，只是說了一句：「沒想到你們唱歌還唱得不錯。」但這句話卻產生了很好的效果。原來，這個經理過去總是板著臉孔訓人，批評別人總是「不許偷懶」、「工作時間不准娛樂」之類的話。這次他幽默了一下，使職員了解到他原來也有不為人知的一面，同時他也了解到，只要自己能和眾人一起歡笑，只要自己能把大家所需要的東西奉獻出來，那麼也一定能得到自

己所需要的東西，能與大家建立良好的工作關係。

幽默也是人與人的心靈之間搭建的一座橋梁，幽默的人會讓人看到他的優秀品質和聰明才智。它既可以讓人在社交中脫穎而出，又可以給人留下難以磨滅的印象。可見，幽默是人生中不可缺少的一種力量。

時下，人們對幽默的評價越來越高，就連工商界的企業家們，也知道利用幽默的力量來改變他們原有的形象，改善大眾對他們公司的看法。據一份調查資料上說，美國 300 多家大公司的上司參加過一次有關幽默的調查。調查結果表明，90% 以上的上司認為幽默感在工商界具有很大的意義，60% 以上的上司認為幽默感基本上能決定事業的成敗。例如：克雷福特公司的總裁認為對於主管來說，幽默感是十分重要的，「它能表示領導者們具有活潑的、富於柔情的心理。這樣的人不會把自己看得太重，也不會把別人看得太輕，能夠做出比較合理正確的決策。」還有一家公司的總裁從創造和諧愉快的人際關係的角度來看待幽默：「應該承認，幽默是基本的原則之一，如果你能做出使自己和別人都感到快活的事情，那麼你就可能是一位好上司或是一位好部下。」

當然，一個人不僅要善於幽默的調侃他人，也要能接受他人的幽默調侃，如此才能贏得友誼，成功建立社交關係。在社交的任何一個團體之中，不論你只是其中的普通一員，或是擔任領導者，善於運用幽默的力量，都能讓自己獲益匪淺，在社交活動中遊刃有餘，不斷成功。

職場需要閒聊，你不能只會尬聊

與會說話的人交流，不會心累；和不會說話的人交談，只想流淚

作　　者：劉惠丞，馬銀春

發 行 人：黃振庭

出 版 者：崧燁文化事業有限公司

發 行 者：崧燁文化事業有限公司

E-mail：sonbookservice@gmail.com

粉 絲 頁：https://www.facebook.com/
　　　　　sonbookss/

網　　址：https://sonbook.net/

地　　址：台北市中正區重慶南路一段六十一號八
　　　　　樓 815 室

Rm. 815, 8F., No.61, Sec. 1, Chongqing S. Rd.,
Zhongzheng Dist., Taipei City 100, Taiwan

電　　話：(02) 2370-3310

傳　　真：(02) 2388-1990

印　　刷：京峯彩色印刷有限公司（京峰數位）

律師顧問：廣華律師事務所 張珮琦律師

國家圖書館出版品預行編目資料

職場需要閒聊，你不能只會尬聊：
與會說話的人交流，不會心累；和
不會說話的人交談，只想流淚 / 劉
惠丞，馬銀春著 . -- 第一版 . -- 臺
北市：崧燁文化事業有限公司，
2022.02
　面；　公分
POD 版
ISBN 978-626-332-046-8(平裝)
1.CST: 人際關係 2.CST: 溝通技巧
177.3　　111000650

電子書購買

臉書

定　　價：360 元

發行日期：2022 年 02 月第一版

◎本書以 POD 印製

獨家贈品

親愛的讀者歡迎您選購到您喜愛的書，為了感謝您，我們提供了一份禮品，爽讀 app 的電子書無償使用三個月，近萬本書免費提供您享受閱讀的樂趣。

ios 系統

安卓系統

讀者贈品

請先依照自己的手機型號掃描安裝 APP 註冊，再掃描「讀者贈品」，複製優惠碼至 APP 內兌換

優惠碼(兌換期限2025/12/30)
READERKUTRA86NWK

爽讀 APP

- 📖 多元書種、萬卷書籍，電子書飽讀服務引領閱讀新浪潮！
- 🎧 AI 語音助您閱讀，萬本好書任您挑選
- 🔍 領取限時優惠碼，三個月沉浸在書海中
- 🔔 固定月費無限暢讀，輕鬆打造專屬閱讀時光

不用留下個人資料，只需行動電話認證，不會有任何騷擾或詐騙電話。